법원 이야기

차례
Contents

법원은 뭐 하는 곳인가

법 때문에 주는 뇌물

뇌물을 주고받아서 구속되는 정치인이나 공무원 또는 기업인들을 심심찮게 볼 수 있다. 그런데 이에 대한 우리 사회의 인식은 매우 개인적 차원에서 접근한다. 즉 뇌물을 받고 일을 불공정하게 처리한 사람은 정말 나쁜 사람이므로 그 사람을 감옥에 집어넣으면 해결된다는 식이다.

그런데 실제로 처벌받는 사례가 언론에 계속 보도되는데도 왜 그런 사건이 끊이지 않을까? 왜 위험을 무릅쓰고 뇌물을 주고받는 것일까? 뇌물이 필요한 이유는 담당 공무원이나 업무 상대방이 어떻게 나올지 모르기 때문이다. 특히 담당자가 바뀌면 전임자와는 딴소리를 하는 경우가 많다. 지금은 그렇지 않지만 예전에는 관공서에 서류 하나 떼러 가면 한참이나 기다려야 했다. 그런데 '뭔가가 있는' 사람은 아무리 늦게 와도 오자마자 서류를 손에 쥐고 가곤 했다. 그러니 '억울하면 출세'하든지, 아니면 어떻게든 '담당자와 친해야' 일이 잘 진행되었다. 담당자와 친해지기 위해서는 자주 찾아가 인사를 해야 하고, 그때 빈손으로 가기 어려우니 조그만 선물이라도 들고 가는 것이다. 명절에는 선물을 돌리고, 나중에 급한 현안이 생기면 마침내 현금도 쥐여 준다. 이처럼 뇌물이 오가는 사회 풍토는 개인적인 문제가 아니라 사회구조적인 문제에서 기인한다. 이것을 개인적인 문제로만 치부하면 절대로 해결할 수 없다.

그럼 어떻게 해야 할까? 문제의 원인은 바로 법이 법대로 집행되지 않는다는 데 있다. 법대로 된다면 누가 굳이 담당자와 친해지려고 노력하겠는가. 법에 정해진 대로 준비해 가기만 한다면, 정말 그렇게만 된다면, 우리 사회에서 '뇌물'이라는 단어는 사라질 것이다. 다시 말해 법이 잘못되었거나 제대로 집행되지 않기 때문에 뇌물을 주고받는 것이다. 정확히 표현하자면, "법이 제대로 지켜지지 않기 때문에 뇌물이 오간다."

참고로 독일의 비정부조직인 국제투명성기구(Transparency International)가 발표하는 국가별 부패인식지수(CPI, 공공 부문의 부패인식 지수)에 따르면 178개국 중 뉴질랜드, 덴마크, 싱가포르가 공동 1위, 스웨덴, 핀란드가 공동 4위이고, 우리는 39위를 기록했다(2010년 기준). 세계 10위권 경제 수준에 비해 한참 떨어진다.

　다원화된 사회일수록 사회적 갈등을 해결할 사법부의 역할이 중요해지고, 그래서 우리가 선진국이라고 부르는 나라들은 사법국가(司法國家)의 특성을 나타낸다. 따라서 법원의 현주소를 살펴보는 것이 우리나라가 진정 법치국가인지 알 수 있는 길이다. 우리나라의 경우 아직은 미흡한 점도 있지만 그렇다고 아주 부족한 것도 아니다.

　나는 대법원과 헌법재판소에서 근무하는 동안 일반인이 법과 재판에 매우 거리감을 갖고 있다는 걸 느꼈다. 공판정(公判廷)에서 선고를 듣고도 자신이 그 재판에서 이겼는지 졌는지 물어보는 사람도 많이 보았다. 여러 가지 원인이 있겠지만 무엇보다도 법에 대해서 잘 모르기 때문일 것이다. 법학 전공자가 아닌 일반인에게도 법과 재판에 대한 소개나 기초적인 법학 교육이 필요하다는 사실을 절감했다. 우리는 법원의 역할을 잘 알고 이를 이용하여 자신의 권리를 향상시키는 데 관심을 가져야 한다. 좁게는 자기의 권리, 나아가 자신이 속한 집단의 권리가 향상되겠지만, 넓게 보면 우리나라가 법치국가로 올바로 서는 계기가 될 것이다.

법 없이도 살 사람

　법과 법원의 역할에 대해 생각해 보자. 흔히 착하고 남에게 해코지 못하는 사람을 가리켜 '법 없이도 살 사람'이라고 한다.

하긴 요즘엔 이런 사람도 드물지만. 그러면 여기서 말하는 법이란 무엇인가? 여기서의 '법'은 서양식 법이 아닌 우리 전통의, 동양적 사고의 법이다. 우선 서양에서 말하는 법의 의미를 보자. 사람이란 서로 많은 것을 가지려고 하는 존재다. 그것도 필요 이상의 것을 가지려고 하는 욕심 많은 존재이다. 호랑이나 사자는 배가 부르면 다른 동물을 죽이지 않는다. 그러나 인간은 배가 고프지 않아도 미래를 위해서 또는 과시를 위해서 살생을 한다. 더 많은 것을 갖기 위해 서로 싸울 때, 당장은 물리적인 힘에 의해 결과가 달라지는 점은 인간이나 군집생활을 하는 원숭이·물개 같은 동물들이나 모두 비슷하다. 그러나 인간에게 그러한 서열은 그리 오래가지 않는다. 사람은 그렇게 단순한 동물이 아니어서 맨손으로 상대방을 당해 내지 못할 것 같으면 몽둥이를 가지고 덤빈다. 아니면 어두울 때 뒤에서 공격하거나, 둘이 함께 덤벼서 힘센 적을 제거하고 난 후 다시 자기들끼리 싸운다. 이런 식이라면 왕이라도 맘 놓고 살지 못할 것이다. 실제로 동서양의 많은 왕들이 암살 위협 때문에 늘 정신병에 가까운 스트레스 속에 살았다고 한다. 우리나라 조선 시대의 영조가 오죽하면 자기 아들인 사도세자를 죽였겠는가?

이처럼 인간은 늘 자기 것을 갖기 위해 서로 싸우는 상태에 처한다. 영국의 홉스(T. Hobbes, 1588~1679)가 말하는 '만인의 만인에 대한 투쟁 상태'가 되는 것이다. 그래서 인간들은 약속을 통해 서로 나누어 갖는 규칙을 정하고, 약간 불만이 있더라도 그 한도 내에서 싸우지 않고 평화적으로 자기 몫을 챙기게

되었다. 이것이 법이고, 사람들에게 법을 지키도록 강제하기 위해 만든 것이 국가이다. 이를 사회계약설이라고 한다. 여기에 대입한다면, 위에서 말한 '법 없이도 살 사람'은 '법 없으면 못 살 사람'으로 표현이 바뀌어야 한다. 진짜 힘이 있는 사람, 즉 자신이 싸움을 잘하거나 조직의 힘을 동원할 수 있는 사람은 법이 없어도 살 수 있고 자신의 몫을 챙길 수 있다. 그러나 그럴 만한 힘이 없는 사람은 법이 없으면 아무것도 지킬 수 없다.

물고기가 물속에서 살 때에는 물이 있는 줄 모르다가 물을 떠나면 물의 절대적 필요성을 깨닫듯이, 사람은 법의 지배를 받고 법의 세계에 살면서도 법의 존재를 잘 모르고 살아간다. 그러나 복잡하고 빠르게 돌아가는 현대에 살면서 법적 분쟁에 전혀 휘말리지 않고 살기는 힘들다. 법을 잘 모르면 자신의 권리를 포기하거나 불이익을 받을 것이다. 자신의 이익(권리)을 위해서는 이를 확인하고 지켜 주는 국가기관에 호소해야 한다. 자신이 먼저 찾지 않더라도 상대방의 호소에 따라 싫어도 그 국가기관에 가야 할 경우가 생긴다. 그곳이 바로 법원이다.

사람들은 서로 자기 것을 지키고 또 더 많은 것을 가지려고 싸운다. 이를 법적 분쟁이라고 하는데, 이러한 분쟁은 어떻게 해결할까? 인류의 역사는 그것을 스스로 해결하던 시대로부터, 스스로 해결하는 것을 제한하는 시대를 거쳐, 국가가 분쟁을 해결해 주는 시대로 바뀌어 왔다. 분쟁에서 누가 잘했는지, 누구의 주장이 옳은지를 판단해 주는 것이 재판이다. 그리고 그 재판을 담당하는 곳을 법원이라고 하고, 이를 담당하는 사람을 법관(판사)이라고 한다. 서구의 역사를 살펴보면 국가권력은 입법·사법·행정의 3권을 왕이 모두 장악하고 있던 절대왕정의 왕권에서 사법권이 먼저 분리되었고 이어서 입법권이 분리되었다. 그 시기는 대략 16세기 내지 17세기이다.

법원은 어떻게 변해 왔나

변사또도 판사였다

    현대의 법원이 존재하기 위한 역사를 살펴보기 전에 '법 없이도 살 사람'에서 말하는 법, 즉 서양법이 들어오기 전인 조선 시대의 법으로 거슬러 올라가 보자. 이때는 양반(兩班)과 상민(常民)으로 사회가 나뉘어 있던 때라 태어날 때부터 엄연한 차별이 존재했다. 당시의 법은 중국의 법을 근간으로 했는데 율(律), 그러니까 형법 위주의 법체계였다. 따라서 법은 상민들을 다스리는 도구로 기능했고, 상민의 권리를 보장해 주는 역할은 적었다. 양반들은 법이 아닌 예(禮)로써 질서를 삼았다. 근대 이전 우리 전통법의 이러한 성격으로 인해 상민들은 법을 무서

위했다. 조선 시대의 법의식은 일제강점기를 거쳐 여전히 우리에게 남아 있는 것 같다. 그래서 지금도 법원이나 검찰에서 발송하는 소환장을 보면 일단 가슴이 덜컥 내려앉는다는 사람이 많은 것이리라.

『춘향전』에 보면 변사또가 수청 들기를 거절하는 춘향이를 묶어 놓고 "네 죄를 네가 알렸다!"라고 호령하는 장면이 나온다. 그렇다면 변사또가 판사였는가? 맞다. 변사또는 사또였는데, 사또라면 지금의 군수 격이다. 당시에는 국가 기능에서 행정과 사법이 분리되어 있지 않았기 때문에 판사의 역할까지 겸한 것이다. 조선 태종 때 신문고를 울리면 왕이 억울한 백성의 하소연을 들어주었다는 것도 결국 왕이 최고법원의 담당자였다는 증거다. 국문(鞫問)은 모역죄(謀逆罪) 등 중대한 범죄에 대하여 왕의 명령으로 열리는 재판인데 친국(親鞫)과 정국(庭鞫) 두 가지가 있었으며, 친국의 경우 왕이 직접 신문을 했다. 그렇다면 왕도 판사, 그것도 최고위 판사(지금의 대법원장)였다고 할 수 있겠다. 이후 우리나라에 근대적 사법제도가 도입된 것은 19세기 말인 1894년 7월, 갑오개혁 때이다. 하지만 우리 조상들은 이미 그 이전부터 상당히 훌륭한 사법제도를 갖추고 있었다. 이를 시대별로 간략히 살펴보자.

삼국시대와 고려 시대

삼국시대가 성립하여 중국식 법체계가 정비되기 이전의 초기 부족국가 시대에는 부족집회나 씨족의 장에게 재판권이 있었다. 부여만 해도 영고 집회에서 재판을 했다. 그 후 고구려에서는 부족장회의인 제가평의회가 국가의 최고법원이었고, 사소한 사건은 씨족회의에서 씨족장의 주재로 또는 부락공동체에서 자체적으로 재판을 했다. 백제는 고이왕 때에 중앙의 6좌평가운데 형사 문제와 감옥을 담당하는 조정좌평을 두어 사법기관의 역할을 맡겼다는 기록이 있고, 신라도 일찍부터 지방관이재판권을 행사했으며 수시로 염찰사를 파견하여 송사를 감독하게 했다.

고려 시대에는 태조 때부터 중앙의 재판기관으로서 의형대를 두어 법률에 관한 사항과 재판을 관장하도록 했다. 이것을 추관·형관·전법사 등으로 고쳤다가 후에 형조로 바꾸었고 조선조까지 계승되었다. 서울인 개성에서는 개성부윤이 공양왕때부터 모든 민사사건을 재판했고, 지방은 수령인 유수관·부사·지주·현령·감무 등이 제1심 재판을 했으며, 안염사·관찰사가 제2심 재판기관이었다. 각 도에 파견되는 안무사 또는 순무사·염문사도 민사사건의 상급법원 역할을 했다.

조선 시대와 근대사법의 도입기

조선 시대에 들어와 재판제도는 더욱 정비되었다. 지방수령인 목사·부사·군수·현령·현감이 일체의 민사재판과 태형 이하에 해당하는 경미한 형사사건을 처리했고, 각 도의 관찰사(감사)는 지방수령의 민사재판에 대한 상소심과 유형(유배 보내는 것, 귀양이라고도 하며 歸鄕이라고 쓴다) 이하의 형사사건을 제1심으로 처리했다. 또한 암행어사도 지방관을 대신하여 재판을 하여 일종의 부정기 순회법원의 역할을 했다.

관찰사에 대한 항소(의송이라고 함)에서 지면, 중앙의 육조 중 하나인 형조에 상소할 수 있었다. 형조는 법률과 형사소송·민사소송을 담당하여 사법행정을 감독함과 동시에 수령이 관장하는 일반 사건의 상소심으로서 합의체 재판을 했다. 즉 지금으로 치면 법무부와 대법원의 일부 역할을 동시에 수행했다. 그 밖에 중앙의 사법기관으로서 억울한 형벌을 밝혀 주던 사헌부, 호적 및 부동산 관련 소송을 관장하던 한성부, 왕족의 범죄나 반역죄 등을 담당하던 의금부가 있었다.

갑오개혁 당시 그 중추 기관인 군국기무처는 군법 위반자를 제외하고는 각 관청·군문·궁에 의한 범인 체포를 금지하고 사법기관에 의한 재판 절차에 의해서만 형벌을 과하도록 하여, 형식상 사법권을 행정권으로부터 분리시켰다. 또 고종은 우리나라 최초의 근대적 헌법이라고 볼 수 있는 홍범 14조를 반포하여 법치주의의 원칙을 천명했다. 1894년 하반기부터는 동학농민군에 대한 재판이 폭주함에 따라 형조와 의금부를 통합·개편하여 법무아문 산하에 '법무아문권설재판소'를 두고 재판사무만을 전담하게 함으로써 우리 역사상 최초로 재판소라는 기구가 생겨났다.

1895년 을미개혁의 법률 제1호로 공포된 재판소구성법은 제1심 법원으로 지방재판소, 한성 및 개항장재판소, 특별법원을 두고, 제2심 법원으로 순회재판소, 제3심 최고재판기관으로 고등재판소 등 5종의 재판소를 두도록 규정했다. 이에 따라 1895년 최초의 근대적 재판기관인 한성재판소(한성부 중부 등천방 혜정교 변에 위치)가 설치되었고, 1899년에는 고등재판소가 평리원으로 개편되었다.

그런데 1905년 을사조약 이후 일본인들이 사법행정 사무에 관여하고 재판소에 일본인 판·검사 및 보좌관을 배치하기 시작했으며, 1909년 10월 31일에 이르러서는 대한제국의 각급 재판소, 법부 및 감옥이 모두 폐지되어 통감부에 흡수되고 말았다.

일제강점기와 미군정기

일제강점기에는 한일합방조약(1910)에 의하여 총독정치가 시작됨에 따라 사법제도도 고등법원·복심법원·지방법원의 3급 3심제로 바뀌었다(1912). 그런데 한국인 판사들은 민사에서 원고와 피고 모두 한국인인 경우, 그리고 형사에서 피고인이 한국인일 경우에만 재판할 수 있고, 일본인에 대한 재판은 제한되었다. 일본 총독 정치는 사법부를 지배 수단으로 이용하여 우리 민족을 억압했기 때문에 사람들이 법원(재판소)을 기피하고 두려워하는 경향이 컸다.

1945년 미군정이 실시되었으나, 일제 때의 모든 법률 및 사법제도가 일시적으로 그대로 유지되었다. 다만 법원의 명칭은 고등법원이 대법원으로, 복심법원이 공소원으로 바뀌었다 (1945.10). 그 후 다시 공소원이 고등심리원으로, 지방법원 및 지방법원의 지청이 지방심리원 및 지방심리원지원으로 각각 바뀌었다(1947.1). 그러다가 법원조직법(1948.6.1, 남조선과도정부법령 제192호)이 시행됨에 따라 미군정청 사법부에서 관장하던 법원행정이 대법원으로 이관되고, 법원의 종류를 대법원·고등법원·지방법원 및 간이법원으로 나누되, 지방법원 관할구역 내에 지방법원 지원을 설치할 수 있게 했다.

헌법 제정 이후

1948년 7월 17일 대한민국 헌법이 공포됨으로써 법원의 조직과 사법권의 독립이 헌법상 규정되었고, 1949년 9월 26일에는 법원조직법(법률 제51호)이 공포되어 명실상부한 현대적 사법제도를 갖추었다. 법원의 종류는 상고심을 담당하는 최고법원인 대법원, 항소심 담당의 고등법원, 제1심 담당의 지방법원과 그 지원을 두어 3심제를 채택했다. 그 후 시대에 따라 조직과 기능에 부분적인 변화는 있었지만 큰 틀은 그대로 유지되었다. 정부 수립 당시 3개의 지방법원으로 출발한 법원은 현재 5개의 고등법원과 1개의 특허법원, 18개의 지방법원과 1개의 행정법원 및 1개의 가정법원으로 늘어났고, 사법연수원, 법원공무원교육원 및 법원도서관도 설치되었다.

법원은 어떻게 구성되고 어떤 일을 하나

재판의 특성

재판이란 법적 분쟁의 당사자가 소(訴)를 제기하면 공평한 입장에 있는 법원(판사)이 법에 따라 판단해 분쟁을 해결해 주는 것이다. 따라서 누군가 소송을 제기해야 재판이 시작된다. 소송을 제기하기 위해서는 자신의 권리가 침해된 경우라야 한다. 원칙적으로 다른 사람을 위해서 소송을 제기할 수는 없다. 다만 다른 사람의 의사에 따라(위임을 받아) 대리로 소송을 제기할 수는 있다. 변호사도 권리를 침해당한 사람을 대리해서 소송을 수행하는 것이다. 여기서 자신의 권리가 침해되었다는 것은 이미 침해되었거나 적어도 침해가 확실하고 임박한 경우를 말한다. 장래에 권리가 침해될 것으로 예상하는 경우에는 소송을 제기할 수 없다. 또 권리침해라는 것은 결국 법적 분쟁을 말하므로 '법적' 분쟁이 아닌 경우는 소송의 대상이 아니다. 예컨대 A라는 총각이 B라는 처녀를 사랑하므로 B도 자기를 사랑하는지 확인해 달라고 소송을 제기할 수는 없다. 법적 분쟁이라고 하기 어렵기 때문이다. 그러나 애정관계도 소송의 대상이 되는 경우는 많다. 예컨대 이혼소송과 관련해서 자녀에 대한 친권이나 양육권을 누가 행사할지 결정하기 위해서 자식에 대한 애정의 정도를 판단하는 것은 필수적이다.

재미있는 판례 하나. 1992년 11월 11일 강원도에 사는 정근철이란 사람이 법원에 기독교 측을 피고로 하여 '하나님 이름 도용에 관한 손해배상 청구소송'을 제기했다. 그는 불교 미륵종의 한 분파인 '한세계인류성도종'이란 종파의 대표다. 그는 원래 '하나님'이란 명칭은 한민족의 고유한 유물인데, 그동안 기독교에서 허락도 받지 않고 또 로열티도 내지 않은 채 무단으로 써 왔다며 배상금으로 1억 원을 내라고 소송을 제기했다. 죄목은 '한민족 하나님 도용죄'였다. 이 사건은 피해자가 누구인지 분명하지 않다는 이유로 각하되었다. 그러자 피해자를 한민족의 뿌리이며 조상인 단군으로 하여 다시 소송을 제기했다. 그러자 피고 측은 법원에 제출한 답변서에서 '하느님'과 '하나님'이란 용어는 원고가 종단을 설립하기 훨씬 이전인 약 150년 전부터 사용되어 온 일상용어이며, 특정인이나 특정 종교만 사용하도록 제한된 것이 아니고, 누구나 사용할 수 있는 낱말 이상의 법적인 의미가 없다고 주장했다. 결국 원고만이 이 용어를 사용할 수 있는 법적 권리가 없으므로 피고가 이 용어를 사용하는 것을 금지시킬 권한도 없는 것으로 판결되었다. 이 판례는 인터넷에 개인이 소개한 내용에서 인용했다. 대법원이 법원공보와 홈페이지를 통하여 일부 판례를 공개하고 있지만, 판결 전문이 공개되는 것도 아니고 모든 판례가 공개되는 것도 아니기 때문이다.

이렇듯 재판이란 분쟁을 법에 따라 판단해 주는 것이다. 민법적인 분쟁은 민법이나 민사관련법에 따라 판단하고, 형법적인 분쟁은 형법이나 형사관련법에 따라 판단한다. 이처럼 재판에서 내용적 기준이 되는 법을 실체법이라고 한다. 한편 재판을 진행하는 여러 가지 형식과 절차를 규정해 놓은 법도 있는데, 이는 절차법이라고 한다. 민사소송법과 형사소송법이 대표적이다. 법원의 조직을 규정한 것은 법원조직법인데, 이는 조직법이라는 별도의 유형으로 분류된다. 이런 분류는 법 전체뿐 아니라 개별 조문에 따라 성격이 규정되기도 한다. 예컨대 실체법으로 분류되는 민법 안에도 재단법인 설립 절차와 같은 절차법적 규정이 들어 있다.

법원의 종류와 구성

헌법은 제101조 제2항에서 "법원은 최고법원인 대법원과 각급 법원으로 조직된다."라고 규정했다. 이에 따라 법원은 지방법원과 고등법원, 그리고 대법원의 3단계로 나뉜다. 구체적으로 보면, 법원조직법은 대법원 이외에 각급 법원을 고등법원·특허법원·지방법원·가정법원·행정법원의 5종으로 나누고, 지방법원과 가정법원 사무의 일부를 처리하기 위하여 그 관할구역 내에 지원(支院)과 시·군법원 및 등기소를 둘 수 있게 했다. 지방법원 지원은 거리가 먼 지역을 위해서, 시·군법원은 소액사건을 다루기 위하여 설치한 것이다. 또한 별도의 특수법원으로서 군사재판을 담당하는 군사법원이 있다. 이전 헌법에서는 군법회의라고 불렀다.

어떤 문제가 생겼을 때 어느 법원에 소송을 제기해야 하는지 막막한 경우가 있는데, 우선 자신이 살고 있는 곳에 어느 법원이 설치되어 있는지 다음 표에서 찾아보자. 어떤 사건을 어느 법원에서 재판하는지 따져 보는 것을 관할(管轄)이라고 한다. 한편 형사소송의 경우 검찰청에 가야 하는 경우도 많은데, 실제로 법원에 가 보면 같은 급의 검찰청이 같은 구내에 있거나 바로 옆에 있다.

대법원은 우리나라에 하나만 있는 최고법원이다. 그 밑의 고등법원은 서울·대전·대구·부산·광주에 다섯 개가 있고, 고등법원급의 특허법원이 별도로 있다. 각 고등법원 밑에 지방법원이 있으며, 가정법원과 행정법원은 서울가정법원과 서울행정법원만 별도로 구성되어 있고, 각 지방법원에서 그 역할을 대신한다. 보통 약칭을 사용해 고등법원은 '고법'으로, 지방법원은 '지법'이라 부른다. 예컨대 서울고등법원은 서울고법으로, 수원

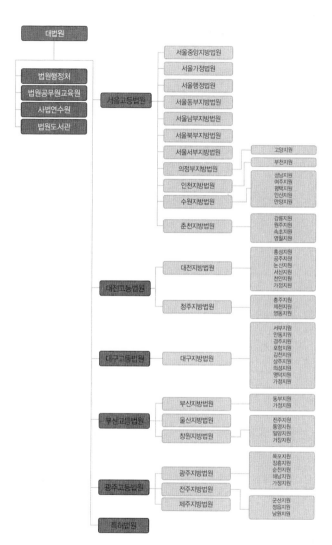

우리나라의 법원.

지방법원은 수원지법으로 부른다.

각 법원에는 여러 개의 부(部)가 설치되어 있다. 대법원은 대법관 4명씩으로 부가 구성된다. 보통 '민사 1부'나 '형사 1부'라는 식으로 부르지만 민사 1부와 형사 1부가 별도의 대법관으로 구성되는 것은 아니다. 1부가 민사소송을 할 때는 민사 1부, 형사소송을 할 때는 형사 1부로 불린다. 민사·형사·특별 3종류로 구성되어 있으며 총 3개의 부가 있다. 여기에 대법원장과 법원행정처장을 합하여 14명으로 구성된다. 고등법원과 지방법원은 물론 별도의 판사로 민·형사부가 구성된다. 대법원 이외의 각급 법원의 합의부는 3인의 판사로 구성된다. 지방법원급에서는 판사 1인이 재판하며(단독판사), 또한 합의부도 구성되어 있다. 참고로 판사의 정원은 2,844명이며, 검사의 정원은 1,942명이다.

대법원 청사 이야기

앞서 보았듯이 일제강점기를 전후해서 서양식 사법제도가 우리나라에 도입되었는데, 법원 청사도 일제강점기인 1928년 서울 중구 서소문동 37번지에 마련되어 경성복심법원(지금의 고등법원에 해당) 및 경성지방법원으로 사용되었다. 대지 $23,958m^2$ (7,247평)에 연건평 $10,329m^2$(3,124.5평)의 건물이었다. 정부 수립 이후 1948년부터는 대법원 청사로 사용되었다. 그 후 계속되는 대법원의 기구 확대 및 직원 수의 증가에 따라 이 건물만으로는 수용이 어려워지자 대법원 건물 옆에 1957년 연면적 1,433㎡(433평)의 제1별관을, 1968년 연면적 3,216㎡(972.8평)의 제2별관을 각각 신축하여 대법원과 법원행정처, 법원도서관이 함께 사용했다.

그런데도 공간 부족이 해소되지 않고 서울 강남 개발에 따른 법률 수요가 점차 늘어나자 현재의 서초동 청사를 지었다. 1991년 11월 29일 착공하여 약 4년에 걸친 공사 끝에 1995년 9월 23일 준공되었다. 같은 해 10월 28일 서소문 청사에서 서초동 청사로 이전했다. 서소문 청사는 리모델링을 거쳐 2002년 5월부터 서울시립미술관으로 사용되고 있다. 서울역 건물 등 일제강점기에 지어진 많은 건물들이 그렇듯이 옛 대법원 건물도 일본을 상징하는 날일 자 형태(日)로 되어 있어서 좀 찝찝하기는 하지만 건물은 고즈넉한 근대 초기의 양식을 잘 보존하고 있다.

현재의 서초동 대법원 청사는 대지 57,692㎡(17,482평), 연면적 66,493㎡(20,149평)에 지하 2층 지상 16층으로 구성되어 있으며, 본관(대법원), 동관(법원행정처), 서관(도서관·전산실·후생시설), 법정동으로 사용되고 있다(대법원 홈페이지 참조). 서소문 옛 대법원 청사에 비해서 서초동 청사는 디자인이 좀 밋밋해서 아쉬운 마음이 든다.

소송의 종류와 심급제

　소송의 종류는 다양한데, 대표적인 것은 민사소송과 형사소송이다. 민사소송은 사인 간의 법적 분쟁을 다루는 재판인데, 대체로 재산관계에 관한 분쟁들이다. 형사소송은 형법위반자에게 국가가 형벌을 부과하기 위한 소송이다. 그 밖에 중요한 것으로는 행정소송과 특허소송이 있다. 행정소송은 국가나 행정기관 또는 지방자치단체가 당사자인 소송을 의미하며, 인허가 등의 행정법관계를 다룬다. 특허소송은 특허와 관련된 소송으로 일종의 행정소송이라고 볼 수 있다. 하지만 소송 절차가 다르다. 또한 가족관계, 즉 결혼과 이혼, 친족과 상속 등을 다루는 가사소송이 있다. 이러한 소송사건 이외에 민사에 관하여 국가가 후견 역할을 하는 것들이 있는데, 이를 비송사건이라고 부르며 별도의 절차가 마련되어 있다. 즉 법인이나 신탁, 법인등기, 경매, 과태료 등에 관한 사건들을 말한다. 종류별 소송의 자세한 내용은 대표적 판례와 함께 뒤에서 다시 설명할 것이다. 좀 더 전문적인 것은 관련법과 법학 교과서에 나와 있다.

　우리 재판제도는 3심제를 원칙으로 한다. 실제로 모든 재판이 3심제는 아니므로 정확한 용어는 심급제(審級制)이다. 즉 한 번의 재판으로 분쟁을 확정하는 것이 아니라 재판의 결과에 불복하는 경우 상급법원에서 다시 재판을 받을 수 있도록 한 것이다. 재판에서 진[敗訴] 사람은 대개 억울하다고 느끼게 마련이다. 실제로 상급심에서 하급심 재판의 결과가 뒤바뀌는 경우가 종종 있다. 그렇기 때문에 심급제가 필요하다. 신속한 재판을 통한 분쟁의 해결도 중요하지만, 진실을 밝히고 무엇이 정의인지 확인하는 것은 더욱 중요하다. 재판의 결과(판결)는 그 뒤에 발생하는 비슷한 다른 사건에 참고가 되므로, 오판 한 번으로 억울한 사람이 더 많이 나올 수 있기 때문이다.

1심 재판[原審]의 결과에 불복하는 것을 항소(抗訴)라고 하고, 항소심에 불복하는 것을 상고(上告)라고 한다. 민·형사사건 중 단독사건은 지방법원(지원) 단독판사→ 지방법원 본원 합의부(항소부)→ 대법원의 순서로, 합의사건은 지방법원(지원) 합의부→ 고등법원→ 대법원의 순서로 각 심급제를 이룬다. 단독사건이란 판사 한 사람이 재판하는 것이고, 합의부 사건이란 판사 3명이 서로 의논해서 재판하는 것을 말한다. 단독사건과 합의부를 나누는 기준은 사건의 경중에 따른다. 즉 민사소송에서 소송목적물의 가액이 1억 원을 초과하는 사건, 형사소송에서 사형·무기 또는 단기 1년 이상의 징역이나 금고에 해당하는 사건은 합의부에서 재판한다. 군사재판도 보통군사법원→ 고등군사법원→ 대법원의 차례로 이루어진다.

재판의 진행

재판(소송)은 법관(판사)들이 진행하지만 스스로 재판을 시작할 수는 없다. 소송을 제기하는 사람을 원고(原告)라고 하고 그 상대방을 피고(被告)라고 한다. 형사소송에서는 피고인(被告人)이라고 한다.

재판을 받는 사람 입장에서 판사가 공정한 재판을 하기 어렵다고 여겨지는 경우 다른 판사에게 재판을 받을 수 있다. 예컨대 법관이나 그 배우자, 또는 친족이 사건의 당사자인 경우에 상대방의 입장에서는 공정한 재판을 기대하기 어려울 것이다. 이런 경우 법에 의하여 당연히 그 법관은 재판에 간여할 수 없다. 이를 제척(除斥)이라고 한다. 그 밖의 제척 사유로는 법관이 그 사건에서 증언을 했거나, 하급심의 판사였거나, 대리인이었거나 하는 등이 있다(민사소송법 §41). 이러한 사유 외에도 공정한 재판을 기대하기 어렵다고 생각되는 경우 당사자는 기피(忌避) 신청을 하여 그 판사를 배제시킬 수 있다(같은 법 §43). 예컨대 법관의 신앙이나 평상시의 지론으로 미루어 볼 때 이 사건에 대하여 편견을 가지고 있다고 추측되는 경우가 있다. 다만 기피 신청이 소송의 지연을 위한 것이라고 판단되면 받아들여지지 않을 수도 있다(같은 법 §45). 또한 이러한 사유가 있다고 법관 스스로 판단하는 경우 감독권이 있는 법원의 허가를 받아 스스로 그 재판을 하지 않을 수도 있는데 이는 회피(回避)라고 한다(같은 법 §49).

일반적으로 민·형사소송은 원칙적으로 당사자주의를 채택한다. 즉 원고와 피고가 서로 자기에게 유리한 주장을 하고 판사가 이를 객관적인 입장에서 듣고 판단하는 것이다. 그래서 구두변론을 하며, 필요한 경우 증인을 불러서 물어보기도 한다. 일반적으로 재판은 사실관계를 확정하고, 법률을 해석·적용하는 단계로 나뉜다. 원칙적으로 대법원은 사실심은 하지 않고 법률심만 한다. 물론 실제로는 두 가지가 서로 밀접하게 관련되어 있다.

변호사는 재판의 모든 과정에서 원·피고나 증인 등 법률 전문가가 아닌 당사자를 도와주는 역할을 한다. 뒤에서 다시 설명하겠지만, 미국 영화에서 보듯이 검사와 변호사가 멋진 변론을 하고 이에 감동을 받은 판사가 명판결을 하는 장면은 우리에게 아직 먼 이야기이다. 미국과는 달리 우리는 공판이 아니라 서면심리가 중심이다. 한 사건만 집중해서 재판하고 끝내는 집중심리는 아직 예외적으로만 시행된다.

일반적인 재판 진행 과정을 보자. 우선 서면으로 당사자에게 재판이 시작되는 것을 알리고 첫 공판 날짜를 알려 준다. 첫 공판에서 상호 당사자와 문제점을 확인하고 준비서면(재판에서 할 말을 서면으로 미리 낸 것)을 확인한다. 물론 이때 변론이 필요하면 변론(구술)을 한다. 사안이 복잡해서 더 확인해 볼 것이 있으면 공판을 일단 끝내고 다음 공판일을 지정한다. 그러므로 실제 재판은 공판정에서 몇 차례에 걸쳐 진행된다. 또 심급제에 따라 상급심에서 하급심과 다른 결론이 나면 파기환송, 즉 하급심으로 돌려보내므로 하급심에서 상급심의 취지에 따라 다시 재판을 해야 한다. 이 경우 3번이 아니라 여러 번 재판할 수도 있다. 이 과정에서 새로운 논점이 제기되어 상고와 파기환송이 거듭되기도 한다. 그러다 보면 민사소송은 몇 년씩 걸리는 경우도 많다. 형사소송은 사안이 중요할수록 구속되는 경우가 많으므로 민사소송에 비하여 비교적 신속하게 진행되는 편이다.

한편 재판이 공정하게 행해지고 소송 당사자의 권리를 충분히 보장하기 위하여, 헌법 제109조는 재판의 심리와 판결을 일반인에게 공개할 것을 규정하고 있다. 특히 형사재판에 있어 공개재판을 받을 권리는 헌법상 국민의 기본권으로 보장된다. 다만 재판의 심리에 있어 국가의 안전보장 또는 안녕질서를 방해하거나 선량한 풍속을 해칠 염려가 있는 때에는 예외적으로 법원의 결정으로 공개하지 않을 수 있다. 이를 재판공개의 원칙이라고 한다. 이에 따라 아무런 이해관계가 없는 사람도 재판하는 과정을 구경할 수 있다. 실제로 필자가 학생들과 재판을 견학하러 갈 때면 재미있는 사건을 만나는 경우도 많다. 친절한 판사와 불친절한 판사, 또는 비굴한 피고인과 당당한 피고인 등 다양한 인간상을 살펴볼 수 있는 기회여서 매우 유익한 시간이다. 학생들도 법원 견학에 매우 만족해한다. 시간을 내서 가까운 법원에 한번 들러 보기 바란다. 사건이 적은 지방의 법원은 매일 재판이 이루어지지 않는 경우도 많으니 재판이 있는 날인지, 또 개정시간은 언제인지 확인하고 가야 한다. 만약 사회적으로 관심이 많은 사건이라면 방청석이 모자라서 선착순으로 방청권을 받아야 들어갈 수 있는 경우도 있다. 작은 재판정의 경우 좌석이 20~30명인 경우가 대부분이다. 재판정에서는 정숙해야 하고, 재판장(판사)과 질서를 유지하는 정리(廷吏)의 지시에 따라야 한다. 방청객의 무례한 언행이 재판에 방해가 되면 퇴정시키거나 즉석에서 가두어 버릴 수도 있으며(감치명령), 심지어 법정모독죄에 해당되어 구경을 갔다가 본인이 재판을 받는 상황이 연출될 수도 있다. 물론 가능성은 낮지만 말이다.

재판의 결과

모든 재판(소송)은 두 단계로 진행된다. 즉 재판으로서 성립하는지를 판단하는 형식적 단계와 당사자가 주장하는 내용을 판단하는 실질적 단계로 나뉜다. 앞의 것은 본안 전 심리, 요건심리, 형식심리 등이라 하고, 뒤의 것을 본안심리, 내용심리, 실질심리 등이라 한다.

첫 단계에서는 재판으로 성립하는지, 즉 재판을 받을 자격이 있는지를 판단한다. 소송 제기 기한을 지켰는지, 정당하게 권리를 침해당한 사람이 제기한 소송인지, 법률적 이익이 있는지 등이 요건이다. 여기서 재판으로서 성립하지 않으면 바로 재판이 끝난다. 내용적으로 판단해 볼 가치가 있는 경우 두 번째 단계로 넘어가는데, 원고가 주장하는 내용이 맞는지를 판단한다.

첫 단계에서 재판으로 성립하지 않는다거나 고려해 볼 가치가 없다고 판단되면 각하(却下)한다. 두 번째 단계로 넘어가서 원고의 주장이 맞으면 인용(認容)을, 틀리면 기각(棄却)을 한다. 따라서 각하판결이라고 하면 아예 내용 판단은 하지 않은 것이다. 인용판결은 원고가 이긴 것이고, 기각판결은 원고가 진 재판, 즉 피고가 이긴 것이다. 민사소송은 원고의 청구액을 전부

인정하지 않는 경우가 많은데, 이를 일부인용이라고 한다.

각하·인용·기각의 세 가지 용어만 알면 자신이 재판에서 이 겼는지(승소) 졌는지(패소) 알 수 있다. 신문에서조차 각하와 기 각을 혼동하여 설명하는 경우를 가끔 볼 수 있다. 한편 여기서 판결이라는 말은 재판의 결과를 말한다. 본안과 직접 관련이 없거나 변론을 하지 않고 판단하는 것은 결정이라 하여 구분 한다. 참고로 헌법재판소에서는 모두 결정이라고 한다.

공정한 재판을 위하여 필요한 것들

사법권의 독립

재판이란 분쟁을 객관적으로 판단해 줄 수 있는 전문가에게 맡겨서 해결하는 것이므로 공정한 재판이 매우 중요한 목표다. 공정한 재판이 아니라면 적어도 한쪽 당사자는 그 전문가, 즉 판사를 믿지 않고 재판 결과에 승복하지 않을 것이다. 공정한 재판을 위해 필요한 것들을 몇 가지 더 살펴보자.

헌법 제103조에서 "법관은 헌법과 법률에 의하여 그 양심에 따라 독립하여 심판한다."라고 규정하여 사법권의 독립을 선언하고 있다. 공정한 재판을 위해서는 외부의 압력 없이 재판할 수 있어야 한다. 그런 의미에서 사법권의 독립은 민주주의의 기본 요소인 동시에 법치국가의 가장 중요한 조직적 징표의 하나이다. 이를 위해서 법원의 조직이 행정부나 입법부로부터 독립되어 있어야 한다. 또 법관의 신분이 보장되어야 하고, 조직 내부에서도 상사로부터 재판과 관련된 지시나 압력을 받지 않아야 하며, 여론이라든가 정치적·사회적 세력으로부터도 독립하여 판단할 수 있어야 한다. 검찰은 부장검사나 검사장 등 상급자의 지휘를 받아서 사건을 처리하지만, 판사의 경우 부장판사나 법원장으로부터 재판과 관련된 어떠한 명령도 듣지 않는다.

2007년 있었던 이른바 '판사 석궁테러 사건'에서, 서울고법 민사2부 박○○ 부장판사는 판결 결과에 불만을 품은 김○○ 전 S대 교수가 쏜 석궁에 맞아 부상을 입었다. 김○○ 전 교수는 수학과 교수로 1995년 입시에서 채점위원으로 참석하여 수학문제 하나가 잘못되었다는 점을 지적했다가 학교와 마찰을 빚은 바 있다. 이에 해교행위, 학사질서 문란, 다른 교수 비방 등의 이유로 징계를 받고 이듬해 3월 1일 재임용에서 탈락했다. 법원은 '재임용은 학교의 자유재량'이라며 학교 쪽 손을 들어 줬다. 김○○ 전 교수는 2005년 초 다시 소송을 내고 법원 앞에서 1인 시위를 벌였다. 이후 1심 재판부는 2005년 9월 "김씨가 입시 오류 지적에 대한 보복으로 재임용을 거부당했다고 주장하나 이를 입증할 만한 증거가 부족해 학교가 재량권을 남용했다고 보기 어렵다."라며 학교 쪽 손을 들어 줬고, 박○○ 부장판사가 재판장인 2심 재판부도 같은 판결을 하자 김○○ 전 교수는 이런 사건을 벌인 것이다. 이 경우 김○○ 전 교수의 행동을 어떻게 보아야 할까? 결론적으로 법관에 대한 압력 내지 보복은 절대 있어서는 안 된다. 특정 사건에서 판결이 잘못되거나 이로 인해 억울한 일이 생길 수 있다. 재판도 사람이 하는 일이라 실수가 없을 수는 없다. 억울한 일을 최소화하기 위해서, 완벽할 수는 없지만 심급제와 재심제도(재판이 확정된 뒤에도 특별한 사정이 있으면 재판을 다시 하는 것)가 마련되어 있다. 만약 판결이 옳지 않다고 해서 법관에게 압력을 가하는 것이 허용된다면 법관이 소신껏 재판하기 어렵고, 결과적으로 재판을 신뢰할 수 없으며, 공정한 재판도 물 건너간다. 그래서 법관은 헌법과 법률과 양심에 따라서만 재판한다고 규정하고 있는 것이다.

이와 관련하여 이념적으로 편향된 판사들의 재판이 문제된 적도 있다. 2009~2010년 강기갑 의원의 국회폭력 무죄판결, 광우병 왜곡보도 〈PD수첩〉 관련자 무죄판결, 시국선언 전교조 교사들에 대한 무죄판결, 용산참사 수사기록 공개 결정 등 1심법원에서 나온 일련의 '진보적 또는 좌편향 판결'이 '우리법연구회'라는 모임에 소속된 판사들로부터 나왔다고 해서 이 모임에 대한 우려를 표명하는 일이 있었다. 판사들은 이념적으로 국민의 보편적 성향을 따라야 하며 특정 이념에 집착하는 성향을 보이면 안 된다. 반면에 그렇다고 특정 사건과 관련해 특정 판사나 모임에 대하여 압력을 가하는 것도 문제라고 생각한다. 수많은 판사 중에 특정 이념에 편향하는 판사들이 일부 존재하는 것은 국민의 이념 스펙트럼을 반영하는 한도 내에서 긍정되어야 한다. 이런 문제는 법관의 인사와 심급제도 등 사법제도 전반에 걸친 메커니즘으로, 건전한 사법이 형성되고 발전할 때 해결될 것이다. 위에서 예로 든 사건들도 대부분 2심에서는 1심과 다른 결론이 나왔다. 현재 대부분 최종심이 남아 있으므로 자세한 언급은 피한다.

공정한 재판을 위하여 앞 단락에서 설명한 재판공개의 원칙과 더불어 신속한 재판도 중요하다. "(민사)송사에 휘말리면 이기면 본전, 지면 집안이 망한다."라는 얘기가 있다. 재판이 신속하게 진행되지 않으면 이겨도 많은 손해가 난다는 말이다. 변호사 비용 등 직접적인 소송비용뿐만 아니라 생업에 지장을 주는 측면도 무시할 수 없다. 형사사건, 특히 구속된 상태에서 이루어지는 형사소송에서 신속한 재판의 필요성은 설명하지 않아도 당연하다. 민사소송의 경우 심급별로 5개월씩, 모두 15개월(민사소송법 §199), 형사소송의 경우 구속기간 연장을 포함하여 1심 6개월, 2심과 3심은 4개월씩 모두 14개월(소송 촉진 등에 관한 특례법 §21)에 재판이 끝나도록 규정되어 있다. 하지만 실제로 이것이 지켜지지 않는 경우도 많다. 소송이 많이 밀려 있기 때문이다. 이 기간은 강제되는 것도 아니다. 앞서도 말했지만 신속한 재판보다는 진실 발견이 우선이기 때문이다.

국민참여재판(배심제도)

배심제란 법률 전문가가 아닌 일반인(배심원)들이 재판 또는 기소에 참여하여 사실문제(쟁점 또는 유죄·무죄)에 관해 결정하는 제도이다. 사실문제를 인정하고 심판하는 것을 소배심(심리배심 또는 공판배심)이라 하고, 기소 여부를 결정하는 것을 대배심(기소배심)이라 한다.

미국에서 시행되고 있는 대배심은 중죄의 기소에 있어서 12~23인의 배심원 중 12인 이상의 찬성이 있어야 정식 기소를 할 수 있다. 이에 비해 소배심은 배심원 명부에서 선임된 12인의 배심원이 선서한 후에 민사 또는 형사사건에 있어서 공판에 제출된 증거에 의거하여 사실문제에 관하여 심리한 후 원칙적으로 전원일치로 평결하는 제도이다. 법관(판사)은 이러한 배심원의 판단(평결)에 따라 법률을 적용하여 판결을 선고한다. 사실문제뿐만 아니라 법률문제(특히 형량 등)에 대해서 판사와 함께 결정하는 제도는 참심제라 한다. 참심제는 참심원이 법관과 함께 합의체를 구성하여 평결한다는 점에서 배심원이 법관과 독립하여 평결을 하는 배심제와 구별되지만 배심제의 한 형태로 볼 수 있다. 검시관(檢屍官)의 사인(死因) 조사에 입회하여 자연사·고살(故殺, 의도적인 살해)·모살(謀殺, 계획적인 살해) 등의 평결을 하는 검시배심(檢屍陪審)제도도 있다. 하지만 보통 소배심과 대배심을 배심제라 하고, 좁은 의미로는 소배심만을 의미한다.

배심의 기원에 관해서는 여러 견해가 있으나, 영국에서 12~13세기경부터 발달했다고 보는 것이 일반적이다. 이러한 배심제도는 프랑스 혁명 이후 프랑스가 일시 채용했다가 폐지했고, 독일에서도 도입했다가 폐지하고 현재는 참심제를 취하고 있다. 기소배심제는 1933년 영국에서도 폐지되었으나, 미국에서는 헌법상 중죄에 관한 기소배심제를 채택하고 있다. 일본도 1923년 심리배심제를 도입했다가 1943년에 폐지했다. 우리나라의 경우 2008년부터 국민참여재판이라는 이름으로 배심제가 운영되고 있다. 군사법원의 경우 군법무관이 아닌 일반 장교가 심판관이 되어 군판사와 함께 평결한다는 점에서 일종의 참심제라고 할 수 있겠다.

국민참여재판은 배심제와 참심제를 혼용한 형태이다. 2007년 6월 입법 당시에는 5년간 시범적으로 실시한 후 그 결과를 분석하여 본격적으로 도입 여부를 결정하기로 한 바 있다. '국민의 형사재판 참여에 관한 법률'에 따르면 모든 형사재판에 국민참여재판이 적용되는 것은 아니며, 살인과 강도 등 중한 범죄를 위주로 그 범위가 한정되어 있다. 또한 피고인이 원하지 않거나 국민참여재판이 적절하지 않은 경우도 배제된다. 배심원은 법원의 관할 구역 내에 거주하는 국민 중에서 무작위로 명단을 작성한 후 무작위로 추천하고, 기피 신청(부적절하다는 이유로 배심원을 거부하는 것)을 거쳐 사안에 따라 5명 내지 9명으로 구성한다. 배심원들은 법관과 관련 없이 독자적으로 평의(評議)하고 평결(評決)하지만 법관의 의견을 들을 수도 있다. 만장일치에 이르지 못하면 심리에 관여한 법관의 의견을 들은 후 2차 평의하여 평결하며, 이때에는 과반수로 평결한다. 배심원이 유죄평결을 한 경우 법관과 함께 양형(형량을 정하는 것으로 예컨대 '징역 2년'에 해당한다고 하는 것)에 관하여 토의를 한다. 법관이 배심원의 의견에 구속되지 않는다는 점 때문에 아직 본격적인 배심제라고 하기 어렵다. 그러나 법관이 배심원의 평결을 따르지 않을 경우 그 이유를 판결문에 설명해야 한다. 자세한 것은 법률을 참고하기 바란다. 배심원으로 참여하는 일반 시민을 위해서 각 법원의 홈페이지에도 자세한 설명이 나와 있다. 참고로 배심원 후보는 5만 원, 배심원으로 선정되면 10만 원의 수당 (1일 기준)을 준다.

관료화된 법관들을 배제하고 법률 전문가가 아닌 일반 국민 중에서 선정된 배심원들의 판단을 받아 보는 것이 공정한 재판에 도움이 될까? 실시 초기에 이에 대한 찬반양론이 있었고, 실제 실시 과정에서도 배심원의 견해가 법관에 의하여 받아들여지지 않는 사례가 나오고 있는 형편이다. 대법원의 분석 결과에 따르면 2년 동안 국민참여재판을 실시한 결과 91퍼센트의 재판이 배심원의 평결과 재판부의 판결이 같았고 9퍼센트는 달랐다. 또 일반 사건에 비하여 무죄율은 높고 항소율은 약간 낮았다. 실제 참여해 본 사람들에 따르면 말솜씨 좋은 일부 배심원에 의하여 다른 배심원들이 영향을 받는다는 의견도 있고, 냉정한 판단보다는 감정에 치우치는 경우가 많다는 평가도 있다. 배심제도가 꼭 신뢰할 만한 제도인지에 대해서는 시간을 더 두고 판단해야 할 일이다.

현재의 국민참여재판제도는 형사재판에만 관여하는 것이다. 한편, 검사 접대 사건과 경찰의 범죄 연루 의혹 등 검찰과 경찰에 대한 불신을 야기하는 일련의 사건들이 발생함에 따라 공정한 검찰권 행사를 위한 대안으로 기소배심제에 대한 도입 논의가 있다. 2010년 8월부터 실시하고 있는 검찰시민위원회가 그 일환이다.

변호사의 도움과 전관예우

개인이 재판에 당사자로 참여할 때 판사나 검사에 비하여 법률적인 면에서 전문성이 떨어지는 것이 당연하다. 특히 형사 사건에서 원고인 검사를, 법률문제의 비전문가인 피고인이 상대하는 것은 무리이다. 따라서 피고인을 법률적 측면에서 도와줄 사람이 필요한데 그 역할을 하는 것이 변호사다. 헌법 제12조 제4항은 "누구든지 체포 또는 구속을 당한 때에는 즉시 변호인의 조력을 받을 권리를 가진다."라고 하여 변호사의 도움을 받을 수 있는 권리를 기본권으로 규정했다. 법정에서 변호사의 도움을 받기 위해서는 먼저 변호사를 만나서 상의해야 한다. 이를 변호인접견교통권이라 하여 변호인의 도움을 받을 권리의 핵심적 권리로 보호한다. 그런데 실제로 피고인이 변호사를 면담할 때는 경찰이나 교도관이 참석한다. 물론 참석하지 않는 것이 바람직하지만 변호인과의 접견 과정에서 발생할 수 있는 사고 가능성 때문에 전혀 감시를 하지 않을 수도 없다. 예컨대 마약이나 담배, 또는 흉기 같은 자해도구를 전해 주는 일이 벌어질 수도 있다. 그러면 어떻게 해야 할까? 미국과 우리나라의 판례에 따르면 '볼 수 있는 거리, 그러나 대화를 들을 수는 없는 거리'에서 감시하는 것이 허용된다.

개인이 변호사를 선임할 때 돈이 얼마나 들까? 변호사는 국가공무원이 아니며 변호사의 선임은 개인과 개인 사이의 계약이다. 따라서 그 비용은 개별적으로 다르다. 보통 변호사 수임료는 착수금(처음 사건을 맡길 때 내는 돈)과 성공 사례비(재판에서 이겼을 때 내는 돈)로 나뉘는데, 착수금은 보통 400~500만 원이다. 성공 사례비는 민사사건의 경우 소송가액의 10퍼센트 정도이고, 많은 경우 40퍼센트까지 가능하다. 예컨대 빌려 준 돈 1억 원을 받아 내려는 소송에서 이겼다면, 착수금 500만 원과 성공 사례비 1,000만 원을 합하여 1,500만 원의 변호사수임료를 지불해야 한다. 형사소송의 경우 소송가액이라는 것이 없으므로 성공 사례비는 시세에 따르는데 구속을 면하게 해 주면 (불구속의 경우 대개 실제 판결에서 징역 대신에 집행유예 정도로 판결된다) 1,000~1,500만 원 정도를 성공 사례비로 내야 한다. 물론 이것은 보통의 경우를 말한 것이고, 사건에 따라, 변호사에 따라 천차만별이다. 수임료에 객관적인 기준이 없기 때문에 소송에서 승소했더라도 극히 일부 액수를 제외하고는 패소한 상대방에게서 변호사 수임료를 법적으로 받아 낼 수 없다. 반면 인지가액이나 증거조사비용 등 다른 소송비용은 패소자가 부담하는 것이 보통이다.

변호사 선임계약도 계약이므로 변호사와 계약할 때 좀 깎아 달라고 사정해 볼 수도 있다. 그러면 보통의 점잖은 변호사라면 다소 할인해 줄 것이다. 그 점을 예상해서 미리 좀 높게 부르는지는 모르겠지만. 정말 변호사 수임료가 없어서 소송할 엄

두도 못 내는 사람은 대한법률구조공단을 이용할 수 있다. 여기서는 상담도 진행하며, 승소 가능성이 있는데 경제적 이유로 소송을 못하는 경우 이를 대행해 준다. 물론 승소한 뒤에는 저렴한 수임료는 내야 한다. 본부는 서울 서초동에 있으며, 전국 각 법원·검찰청 소재지에 지부가 있다.

형사소송에서는 수임료가 없어서 변호인을 구하지 못하는 경우 국가가 도와주는 제도가 있다. 돈 문제가 아닌 특수한 경우도 있을 수 있다. 헌법 제12조 제4항 후단(뒷 부분)은 "형사피고인이 스스로 변호인을 구할 수 없을 때에는 법률이 정하는 바에 의하여 국가가 변호인을 붙인다."라고 하여 국선변호인제도를 규정하고 있다. 형사소송법 제33조에 따르면, 피고인이 미성년자이거나, 70세 이상이거나, 농아자이거나, 심신장애의 의심이 있을 때, 그리고 빈곤 및 기타 사유로 변호인을 선임할 수 없어서 국선변호인을 원할 때 국선변호인을 선임하도록 규정하고 있다. 그러나 국선변호인에게 주어지는 수임료가 적은 편이어서 내실 있는 변론을 기대하기 어렵다는 비판이 많았다. 실제로 법에 정해진 요건을 갖추기 위해서 형식적으로 국선변호인을 선임하여 법정에서 처음 피고인을 만나는 경우도 있었다고 한다. 이러한 문제점에 대해서는 점차 제도적 개선이 이루어지고 있다. 미국은 아예 법원에 소속되어 국선변호를 전담하는 직원을 두고 있는데, 우리나라도 이를 참고하여 지방법원에서 시범적으로 국선변호 전담 변호사를 두고 있다. 즉 신청을 받아서 2년 계약을 하고 매월 800만 원 가량의 수임료를 받으면서 해당 법원의 국선대리인을 전담하고, 그 대신 다른 사건은 맡지 않도록 하고 있다.

변호사 얘기를 할 때 자주 나오는 주제가 이른바 '전관예우'라는 것이다. 즉 갓 개업한 판검사 출신 변호사에게 사건을 맡기면 무조건 승소하고, 대신 수임료가 다른 변호사에 비해서 2~3배 비싼 현상을 말한다. 이러한 전관예우를 없애야 한다는 여론이 높고 대법원이나 변호사협회에서도 해결책을 모색하고 있지만 쉽게 근절되지는 않는다. 실제로 근절이 가능할까? 우선 그 실상을 살펴보자. 처음 개업한 모든 변호사가 이런 사례에 해당하는 것이 아니고 지방법원 부장판사나 지방검찰청 부장검사 정도는 돼야 한다. 그리고 말도 안 되는, 즉 당연히 패소할 사건은 가지고 가도 맡아 주지 않는다. 변호사 입장에서도 어차피 많은 사건이 몰리는데 패소할 위험 부담이 있는 사건은 맡지 않는 것이 자신의 명성을 유지하는 데 도움이 된다. 담당 판사 입장에서도 패소가 분명한 사건을 도와주기는 어렵다. 또한 이는 민사사건보다는 형사사건에 집중된다. 왜냐하면 소송 상대방과 상대 변호사가 있어서 법정에서의 공방이 필요한 민사사건에 비해서, 형사사건은 검사, 즉 해당 변호사의 '선후배'를 상대하면 되고 대부분 법리논쟁이 심하지 않기 때문이다. 특히 구속된 상태에서의 피고인과 그 가족은 심리적으로 매우 불안한 약자이므로 고액의 수임료를 선뜻 부담한다. 피고인 쪽에서 보면, 우선 당장 재판에서 이기고 봐야지, 돈을 아끼는 것은 그다음 문제인 것이다. 담당판사 입장에서는, 자신도 조만간

변호사로 개업할 것이니 지금 밀어 주면 자신도 나중에 후배 법관으로부터 도움을 받을 거라고 기대한다. 사정이 이렇다 보니 이를 제도적으로 근절하기는 쉽지 않다. 판사는 아예 변호사 개업을 못하게 하면 혹시 가능할지도 모르겠다. 결국 재판이 공정하게 이루어지고, 법치국가가 제대로 운영되는 것만이 전관예우 때문에 빚어지는 왜곡된 현상을 막을 수 있으리라고 생각한다.

변호사의 양성과 법조일원화

변호사의 양성은 사법시험을 통하여 이루어져 왔다. 일제에서 해방된 후 1947년부터 1949년까지는 조선변호사시험이, 1950년부터 1962년까지는 고등고시 사법과가, 1963년부터는 현행 사법시험이 실시되었다. 1970년대까지는 평균 60점 이상을 획득해야 제2차 시험에 합격할 수 있어서 한 자리 수의 합격자만 내는 경우도 있었다. 따라서 합격자 전원이 판검사로 임용될 수 있었다. 그러나 1981년 제23회 사법시험 때부터 300명으로 합격 정원이 증원되었고, 제38회 사법시험에서 500명을 선발한 이후 매년 100명씩 증원되어 제43회부터는 1,000명씩 선발하고 있다. 하지만 변호사 시장의 개방에 맞서 다양한 전문성을 지닌 변호사를 양성하고, 나이가 많이 들도록 계속 사법시험만 준비하는 이른바 '고시낭인'을 없앤다는 명분 아래 2009년 법학전문대학원, 이른바 로스쿨이 설립되었다.

현재 전국적으로 25개 로스쿨이 있다. 3년의 로스쿨 과정은 사법시험과 사법연수원 2년을 합한 것에 해당한다. 이는 미국식 제도인데, 전문대학원체제로 법률실무 교육을 받고 졸업 후 변호사시험에 합격하면 변호사 자격을 부여받는 것이다. 이에 따라 사법시험은 합격자 수를 점차 줄이다가 2017년 최종 폐지할 예정이다.

기존의 우리 법체계는 미국식보다는 독일식에 가까웠다. 그래서 미국식 로스쿨제도를 도입했지만, 미국과는 차이가 많다. 미국은 로스쿨 설립이 비교적 자유롭지만 우리는 100여 개 4년제 대학의 법학과 중 25개만 지역 안배를 감안하여 인가되었다. 특히 다른 점은 미국은 주(州)마다 법체계가 달라서 주별로 변호사 시험이 실시되지만, 우리는 단일 법체계를 가지고 있어서 전국적으로 단일시험을 시행해야 한다는 것이다. 따라서 합격률의 편차에 따른 기존의 명문대와 비명문대 간 격차가 발생할 것으로 예상된다. 기존 법조계의 반발로 최종 변호사 자격 부여 숫자도 한정되고, 응시횟수도 3회로 제한되므로 또 다른 고급 인력의 정체 문제가 예상된다. 기존의 사법연수원에서 이루어지던 실무교육을 법학전문대학원에서 모두 실시하지 못하는 것이 현실이고 보면 변호사의 실무능력 보완도 필요하다. 한편 기존의 학문적 연구를 담당하는 일반대학원과의 관계 정립도 문제이다. 좀 더 신중하게 논의하여 예상되는 문제점에 대비했어야 한다는 생각이 든다. 지금이라도 개선 방안을 마련해야 할 것이다.

로스쿨제도의 도입 목적 중에서는 변호사 숫자의 증가를 통한 경쟁과 전문화를 꾀함으로써 국민에 대한 법률 서비스를 강화하는 것도 주요 이유였다. 변호사가 많기로는 미국이 단연 세계 최고이다. 우리나라의 변호사 1인당 인구는 5,891명으로 미국(268명)과 영국(394명), 독일(560명)에 비해 많다. 그러나 우리나라는 미국과 달리 변호사와 유사한 일을 분담하는 직역이 있는데 법무사와 세무사, 변리사 등이 그것이다. 미국에도 회계사는 별도로 있다. 외국에 없는 유사 법조 직역을 포함하면 우리나라 변호사 1인당 인구는 1,658명으로 크게 줄어들고, 부동산 거래 계약서 작성 권한을 가진 공인중개사를 포함할 경우 전문 자격사당 인구수는 423명으로 낮아진다. 그러므로 변호사 숫자에 대한 단순 비교는 어렵다. 외국의 사례는 참고사항일 뿐, 우리의 문제는 우리의 여러 가지 사정을 고려해서 결정해야 할 것이다.

법조계라 하면 법률문제에 종사하는 전문가로서 판사·검사·변호사를 말하는 것이 보통이다. 그런데 사실은 중요한 부류가 빠져 있는데, 바로 교수들이다. 우리나라는 법조계와 교수들 사이에 웃지 못할 알력이 있다. 판검사들은 교수들이 실무를 모르기 때문에 이론적이며 공허한 얘기만 한다고 비판한다. 반면 교수들은 판검사들에게 이론을 모른 채 말도 안 되는 관행만 우긴다고 반박한다. 누구 말이 맞는가? 둘 다 맞는 얘기며, 또 둘 다 틀린 얘기다. 대부분의 교수가 변호사 자격증이 없는 현실이 이런 불합리한 논쟁을 불러왔다. 법학은 결국 법적 분쟁을 해결하는 도구로써 기능해야 하기 때문에 실무와 이론은 떼려야 뗄 수 없는 사이다. 서로 비난할 것이 아니라 교류하고 협력해야 한다. 그렇지 않으면 양쪽 모두 완전해질 수 없다. 그런데도 인적 교류가 거의 없는 것이 우리나라의 문제이다. 독일은 모든 법학 교수가 변호사 자격이 있으며, 미국도 대부분 변호사 자격이 있다. 혹시 없는 경우도 있으나 나름대로 특정 분야의 전문가이기 때문에 별로 문제되지 않는다. 해방 이후 우리는 일본처럼 교수가 대부분 변호사 자격이 없는 제도를 채택하여 지금까지 왔는데, 고등고시(사법시험의 옛 이름)를 조선 시대의 과거시험으로 생각했기 때문인지도 모르겠다. 이는 제도적으로 해결해야 할 문제이다. 그나마 로스쿨이 설립되면서 판검사나 변호사 출신 교수들이 많아져서 다행이지만, 지속적인 교류가 없다면 몇 년이 지나지 않아 실무 교수가 실무를 모르는 웃지 못할 일이 생길 것이다.

한편 현재도 법조일원화(法曹一元化)가 추진되고 있다. 검사와 변호사 중에서 판사를 임용하는 사례가 많아지고 있고 그 비율을 높여 나갈 것이라고 한다. 재판 견학을 가 보면 30대 초반으로 보이는 판사가 가정폭력사건을 재판하는 모습을 쉽게 볼 수 있는데, 피고인이나 관련자들이 판사를 미덥게 생각할지 의심이 든다. 판사는 인생 경험이 좀 있는 경력자 중에 뽑는 것이 바람직하다는 의견이 많다. 미국이 그렇게 하고 있다. 우리나라도 2년간 수습을 거쳐 판사로 임용하는 예비판사 제도를 도입했지만 탈락자가 거의 없어 포기한 전례가 있다. 물론 로스쿨체제로 완전히 전환되면 일정 기간 근무한 검사나 변호사 중에서 판사를 임명하게 된다. 법조계에도 좀 더 개방적인 사고가 필요하다고 생각한다. 무조건 변호사 자격에 비중을 둘 것이 아니라 문호를 대폭 개방하고 나서 경쟁을 거쳐 재질이 있는 사람은 판사로 나가고, 이론에 밝은 사람은 교수로 가고, 적성이 맞는 사람은 검사나 변호사로 계속 일하고, 또 일정기간이 지난 후에는 서로 바꾸어 일해 보면 어떨까? 이를 통해 이론과 실무가 다르다는 주장을 일소하고 법원과 검찰이 서로 대립하는 현상을 없애는 것이 법조계에 대한 국민의 신뢰를 되살릴 수 있는 방법이라고 생각한다.

공판중심주의와 판검사

1990년 대통령의 자문기구로 설치된 사법개혁추진위원회를 중심으로 형사 절차에 대해서 많은 논의가 있었는데, 형사소송과 관련해 크게 보아 두 가지 방향으로 개혁이 추진되었다. 그 하나는 시민의 사법참여이고 다른 하나는 공판중심주의적 소송이다. 이 중에서 시민의 사법참여 문제(배심제)는 이미 소개했으므로 공판중심주의에 대하여 알아보자.

공판중심주의란 모든 소송 자료를 공판에 집중해 공판에서 얻은 심증만으로 재판을 하자는 원칙이다. 그동안의 형사소송이 공판정에서의 심리를 중심으로 판단하기보다는 법관이 검사가 미리 제출한 각종 서류를 검토하여 선입견을 가진 상태로 공판에 임함으로써 피고인에게 불리한 결과가 초래되었다는 시각에서 비롯되었다. 그리하여 형사소송에서 공판중심주의적 심리 절차를 확립하고 피고인의 방어권을 강화하기 위한 방안들이 마련되었다. 미국 영화에서나 볼 수 있었던 법정에서의 멋들어진 공방을 기대할 수 있게 된 것이다.

자세한 내용으로, 우선 증거개시제도와 공판 준비 절차를 도입하고 증거조사 절차와 증거능력에 대한 규정을 개정하는 것을 들 수 있다. 좀 더 구체적으로 살펴보면, 재판장은 심리의 효율적인 진행을 위해 미리 쟁점과 증거를 정리하기 위한 공판 준비 절차를 진행할 수 있도록 했다. 그리고 판례가 종전에 인정해 온 위법수집증거배제법칙을 명문으로 규정하기로 했고, 피고인 또는 참고인이 수사기관에서 행한 진술이 기재된 조서에 대하여는 피고인이 그 내용을 인정하거나 동의한 경우에 한하여 증거능력을 인정(증거로 채택할 수 있다는 의미)하기로 했다. 또한 공판 절차를 변경하여 종전에는 검사가 피고인을 신문하는 것으로부터 사실심리가 시작되고 증거조사는 마지막에 행해졌지만, 앞으로는 증거조사를 먼저 실시하고 피고인에 대한 신문은 검사 또는 변호인의 신청이 있을 때 신청인부터 피고인을 신문할 수 있도록 했다. 이로써 피고인의 권리(방어권)를 최대한 보장하는 것이다.

이 밖에도 국회의 사법제도개혁특별위원회나 대법원의 양형위원회를 중심으로 하는 여러 가지 사법제도의 개선안이 마련되고 있다. 하지만 이런 대안에도 불구하고 국회와 대법원 또는 여론과의 견해 차이 때문에 아직 결론을 내지 못하는 부분이 많다. 사소한 사건의 경우 경찰이 독자적으로 수사할 수 있도록 하자는 검찰과 경찰의 수사권 조정 문제, 군사법원이나 군검찰에 대하여 일반 군부대가 아니라 법무부에 소속하도록 하는 문제, 불필요한 구속의 감소 문제와 관련된 검찰과 법원의 견해 차이, 사건마다 형량이 달라서 생기는 오해와 불신을 줄이기 위하여 형사사건의 형량 차이를 줄이는 문제, 대법원의 과중한 부담을 줄이기 위해 대법관의 수를 늘리는 문제, 상고를 제한하기 위하여 고등법원에 상고심사부를 두는 문제 등 수없이 많은 안건들이 논의된다.

그런데 이러한 논의 과정을 들여다보면 대부분 자신이 속한 집단의 권한과 영역을 지키기 위한 주장이라는 점이 드러난다. 매스컴에 나오는 주장들을 잘 살펴보자. 전부라고 할 수는 없지만 대부분의 사람들이 자신이 속한 집단의 입장에 서서 주장할 뿐이다. 그러면서 겉으로는 국민을 위한 주장이라고 한다. 말뿐이 아니라 진정 재판과 관련된 모든 논의가 국민의 입장에서 진행되기를 바란다.

민사소송은 어떤 재판인가

민법과 관련된 재판

앞서 나온 내용 외에 대표적인 재판의 유형과 특색을 알아보자. 재판 중에서 가장 대표적인 것을 들라면 역시 민사재판(민사소송)과 형사재판(형사소송)이다. 이 중 민사재판이란 개인 사이의 민법과 관련된 분쟁을 법원에서 판단하여 강제로 해결해 주는 것이다. 그렇다면 민법은 어떤 특색이 있는지 알아보자. 민법은 대표적인 사법(私法)이다. 즉 사인(私人) 간의 문제를 다루는 법이다. 사인 간의 문제는 크게 재산관계와 가족관계로 나눌 수 있는데, 이 중 가족관계에 대한 소송은 가사소송으로 다루므로, 일반적으로 민사소송은 주로 재산관계를 다루는 재판을 말한다. 재산관계의 권리는 크게 물권(物權)과 채권(債權)으로 나뉜다. 물권은 그 대상(동산·부동산 등)을 배타적·독점적으로 지배하는 데 비해서, 채권은 상대방의 행위를 상대적으로 지배한다. 예컨대 집을 가지고 있는 사람은 그 집에 대해서 어떠한 행위를 해도 된다. 직접 살아도 되고, 남에게 빌려 줘도 되고, 팔아 버릴 수도 있다. 자기 집에 불을 지르는 것은 어떨까? 남에게 어떤 위험을 불러일으키지만 않는다면 부숴 버리거나 불을 질러도 상관없다. 집을 가지고 있다는 것은 물권의 일종인 소유권을 가지고 있다는 의미이다. 그런데 남에게 1억 원을 빌려 주었다고 가정해 보자. 그러면 1억 원에 해당하는 돈을 받으면 되는 것이지, 특정한 어떤 돈, 예컨대 전에 꿔 준 '그 돈'을 돌려 달라고 할 수는 없다. 헌 돈을 주든 새 돈을 주든, 수표로 주든 온라인으로 부치든, 돈을 갚는다는 데는 차이가 없다. 물론 구체적으로 특정한 내용을 약속할 수는 있다. 한 사람이 여러 사람으로부터 돈을 꾼 경우 아무에게나 먼저 갚아도 된다. 나중에 꾼 것을 먼저 갚아도 된다. 이런 것이 채권이다.

민사소송, 즉 재산관계의 분쟁에 있어서 개인 간의 문제는 기본적으로 자율적으로 이루어진다는 특징이 있다. 여러 가지 법적인 제한이 있지만, 개인 간의 권리와 의무는 당사자 간의 약속에 의해서 발생하는 것이 원칙이다. 집을 사고팔 때 서로 정상적인 상태에서 합의만 되면 남들보다 비싸게 팔고 사도 문제가 없다. 서로 합의가 되는 순간 집주인에게는 집을 넘겨줘야 할 의무와 돈을 받을 권리가, 집을 사는 사람에게는 집을 넘

겨받을 권리와 돈을 지불할 의무가 생긴다. 권리와 의무가 생기면 법의 힘으로 강제로 실현할 수 있다. 이것을 계약이라고 한다. 다만 법에서 금지하지 않는 것이어야 한다. 고스톱을 예로 들어 보자. 점수가 나면 돈을 얼마 주기로 당사자들 간에 약속이 되고, 실제로 고스톱을 하게 되면 이긴 사람은 진 사람에게 돈을 달라고 할 권리가 생긴다. 그러나 민법에는 특별히 규정을 두어 공서양속(公序良俗), 즉 선량한 풍속과 사회질서에 위반되는 것을 내용으로 하는 계약은 무효라고 규정한다(민법 §103). 따라서 고스톱은 도박이며(판돈의 크기에 따라 달리 취급되지만), 도박은 사회질서에 반하고 법적으로 보호되지 않는 것이어서 권리가 발생하지 않는다. 즉 고스톱에서 진 사람은 돈을 안 줘도 되고, 이긴 사람은 법적으로는 달라고 할 수 없다. 이미 준 돈을 다시 돌려 달라고 할 수도 없다. 그러나 사기도박의 경우는 다르다.

실제로 민사소송에서 당사자는 서로 자기가 옳다고 주장한다. 주장이 서로 많이 다르지 않다면 법원까지 올 리가 없다. 재판을 거는 쪽(원고)과 그 상대방(피고)이 서로 자기주장을 하고, 객관적 입장에 서 있는 판사는 양쪽 주장을 듣고 판단을 내린다. 이때 판사를 설득하기 위해서는 말이 아닌 증거를 대야 하는데, 주장하는 쪽에 증거를 댈 책임이 있다. 서로 증거를 못댈 경우에는 그 사실을 주장하는 쪽인 원고의 불이익으로 결론이 난다. 즉 원고가 패소하는데, 이를 입증책임이라고 한다. 그래서 계약서를 쓸 필요가 생긴다. 계약은 원칙적으로 합의만

되면 법적으로 효력을 갖지만, 나중에 재판에서 입증하기 위해서 계약서나 증인 등이 필요하다.

한편 어떤 합리적 이유가 있어서 주장하는 자가 아닌 상대방이 입증책임을 지는 경우도 있다. 예컨대 의료사고의 경우에 의사의 과실을 증명해야 할 책임은 사고를 당한 환자나 그 가족이지만, 의료지식이 적으므로 일정한 경우 의사에게 스스로 과실 없음을 증명해야 한다고 한 판례도 많다.

이제 앞서 심급제에서 설명한 관할을 좀 더 자세히 알아보자. 민사소송에서 합의부 사건은 소송물가액(소송목적의 값, 즉 소송에서 전부 승소했을 때 원고가 얻을 수 있는 금전적 이익)이 1억 원을 초과하는 사건을 말한다. 소가(訴價)가 1억 원을 초과한다 할지라도 수표금, 어음금, 구상금 사건에 관해서는 단독판사의 심판사건에 해당된다. 단독판사의 심판사건은 소가가 2,000만 원 초과부터 1억 원까지인 사건을 말한다. 1심에서 5,000만 원까지의 단독사건은 항소를 하면 지방법원 합의부로 사건이 배당되고, 5,000만 원 이상 1억 원까지의 단독사건은 고등법원에서 항소심을 하게 된다. 합의사건의 경우 소가에 관계없이 고등법원에서 항소심이 이루어진다.

한편 소액사건 심판법에 의한 소액사건은 2,000만 원 이하의 사건이 해당되며, 간단한 절차로 소송이 진행된다. 법원에 가면 소액사건의 소장(訴狀)이 마련되어 있는데 내용이 이미 들어가 있어서 성명과 받을 돈의 액수 등 간단한 사항을 마저 기재하고 인지(印紙)만 사서 붙이면 된다. 따라서 전문지식이 없더라도 누구나 소를 제기할 수 있으니 변호사나 법무사의 도움 없이 직접 시도해 보기 바란다. 인지는 소송비용을 일부 부담하기 위하여 이를 사서 소장에 붙이는 것을 말한다. 우표처럼 생겼는데, 붙여야 하는 액수는 소송가액에 따라 비율에 약간씩 차이가 있다. 예컨대 1억 원짜리 소송이라면 1만 분의 40을 곱한 액수에 5만 5천 원을 더한 액수의 인지를 사서 붙여야 한다. 항소장에는 1.5배, 상고장에는 2배의 액수에 해당하는 인지를 붙인다. 민사소송 등 인지법에 자세하게 규정되어 있다.

재판이라고 하면 거창한 사건만 있는 것이 아니다. 일상생활에서 발생하는 사소한 사건과 관련된 재판도 많다. 중요한 재판이라면 직장을 빠지더라도 법정에 나가서 자신의 권리를 지켜야 하는 게 당연하다. 그런데 몇 만 원짜리 과태료나 지방세 때문이라면 안 나가고 그냥 불이익을 당할까 하는 고민이 생길 것이다. 이런 문제를 해결하기 위하여 최근 시범적으로 도입된 야간 개정을 이용해 보자. 수원지법 안산지원에서는 2010년 4월부터 2,000만 원 이하의 소액사건에 대하여 월 1회 오후 7시에 개정함으로써 직장인이 퇴근 후 법정에 나갈 수 있게 배려하고 있다. 그런데 이에 대한 반응이 좋아 그 범위를 다른 사건이나 다른 법원으로 확대하는 방안을 추진하고 있다.

국민의 편의를 위한 재판 개선 내용 하나 더. 최근 사이버문화의 확대 추세에 발맞추어 소송의 제기도 서면이 아니라 온라인으로 제기하는 전자소송이 시작되었다. 2010년 4월 특허법원에서 처음 시작된 전자소송은 3개월 만에 100건이 접수되었고 확대일로에 있다고 한다. 2011년 5월에는 민사소송에도 시범 실시되고, 전자소송으로 첫 대법원 판례도 이미 나왔다(대판 2010.11.11, 2010후2346).

이완용의 재산을 찾아간 자손

1998년 2월에 이윤형이라는 사람이 국가에 소송을 제기하여 서울 북아현동 545번지 일대의 조상 땅(약 712평)을 되찾은 후, 이를 제3자에게 매각(당시 시가 약 30억 원 대)했다. 이윤형은 이른바 을사오적의 대표 격인 이완용의 증손자이다. 이완용은 한일병합에 적극 협조한 대가로 부귀영화를 누렸고, 당연히 많은 재산을 모았다. 이 판결은 부정 축재한 재산이 후손에게 인정된 사례이다. 수백만, 수천만 평에 이른다는 이완용 생존 당시의 소유 토지 중 일부는 아직도 전국 어딘가에 묻혀 있을 것이라는 얘기가 있다.

한편 1997년에는 한일 강제병합 당시 이완용 내각의 내무대신을 지냈던 송병준의 증손자 송 모 씨 등 7명이 자신들의 땅이라며 "국가는 경기 파주시 일대 토지 3만 9천여 평을 돌려 달라."며 낸 소송에서, 대법원 2부(주심 배기원 대법관)는 "이 땅이 송병준이 부여받은 개간지라고 인정할 만한 증거가 부족하다."라며 원고패소 판결한 원심을 확정한 바 있다.

그러나 1997년 7월 서울고등법원 제2민사부(재판장 권성)에서 이완용 증손의 손을 들어 주면서 내세운 판결 취지가 이후 친일파 관련 재산 소송에서 원고 승소를 이끄는 일종의 판례로 활용되고 있는데, 당시 재판부는 "반민족행위자나 그의 후손이라고 해서 재산에 대한 법의 보호를 거부하는 것은 법치국가에서 있을 수 없다."라는 논리를 내세웠다. 친일파라 하더라도 재산권 보호는 일반인과 똑같이 평등하게 부여해야 한다는 취지이다. 또 반민족행위자를 처벌하고 그 재산을 몰수하는 등의 조치를 규정한 반민족행위처벌법이 1951년 2월 14일 시행 3년여 만에 폐지된 점을 들면서 "합당한 법률을 장구한 세월이 흐르도록 국회가 제정하지 않았다면 지금에 와서 소급하여 과거의 일을 정의 관념만을 내세워 문제 삼는 것이 오히려 사회질서에 어긋날 수 있다."라고 하여 입법부의 책임을 지적했다.

이 판결은 특히 2003년 친일파 이재극 관련 소송에서 1심에서 원고패소가 되었던 사건에 대해 항소심 재판부인 서울고법이 1심 판결을 뒤집고 원고인 이재극 손부의 손을 들어 주는 판결을 내리는 데 인용되기도 했다. 1심 당시 서울지법 제13민사부(재판장 이선희)는 예외적으로 반민족행위로 얻어진 재산은 국가와 법의 보호를 받을 수 없다는 취지로 원고의 소를 각하 판결하여 언론의 주목을 받았지만 상급심의 파기환송(재판이 잘못되었다고 돌려보내는 것)으로 인해 판결 취지가 퇴색하고 말았다. 항소심 재판부는 2003년 "국가가 친일파 후손의 재산권 보호를 거부하기 위해서는 헌법과 법률에 의한 제도적 뒷받침이 있어야 하고 국민 감정만 내세워 재판을 거부하는 것은 법치주의를 저버리는 것"이라며 사건을 파기환송했다. 이 사건은 결국

1952년의 농지개혁문서 등을 분석한 결과 이재극이 땅을 타인에게 처분한 것으로 판단하여 이재극 후손의 소유권을 인정치 않고 소송을 기각하면서 마무리되었다.

이완용·송병준·이재극 후손뿐 아니라 을사오적 이근택의 형 이근호의 손자가 12건의 소송을 내고, 윤덕영·이해창·이기용·남장희 후손 등이 수십 건의 소송을 제기한 바 있으며, 일부 승소한 경우도 있다. 결국 사법부가 친일파 후손의 재산환수 소송에서 원고 승소를 판결했던 주된 근거는 '사유재산의 법적 보호'에 있다. 법원 측은 이들의 승소율이 국민 법 감정에 비해 높은 이유에 대해 "법원은 증거를 통해 사실관계만 따지기 때문"이라고 설명한다. 한국전쟁 와중에 등기부가 소실돼 국유지로 편입된 땅에 대한 관련 서류를 찾아 들이대면 법리상 인정할 수밖에 없다는 것이다.

과연 토지의 소유권이 이완용 등 친일파의 후손에게 돌아간 것은 잘못된 재판일까? 우선 몇 가지 민법상의 원칙을 이해해야 한다. 불법적으로 소유권이 이전되었다면 그 소유권 이전은 무효이며 소유권은 원주인에게 돌려줘야 한다. 몇 번 소유자가 바뀌었다 하더라도 처음에 불법적으로 소유권이 이전되었다면 원주인에게 돌려줘야 한다. 이후에 정상적으로 이전받은 사람은 직전 주인에게 부당이득의 반환을 요구할 수 있을 뿐이다. 또 상속의 경우 어떤 형식적 절차가 필요한 것이 아니라 죽으면 당연히 상속되어 상속인의 소유가 되는 것이고 나중에 등기나 기타 절차를 밟아야 다른 사람에게 권리를 주장할 수 있다.

이완용 등의 경우 처음 땅을 소유한 사정이 불법이라는 증거가 불분명한 가운데 해방이 되면서 다른 사람 또는 국가에 넘어간 사정에 법적 근거가 없어 불법적이라는 것이다. 좀 더 자세히 설명하자면, 이완용 등이 한일 강제병합에 협력하여 일제로부터 재산을 받았다고 하더라도 문제가 된 땅이 그 돈으로 구입했다는 직접적인 증거가 있어야 한다. 또한 다른 정상적인 돈으로 구입한 것이 아니라는 점이 확인되어야 이를 범죄의 결과물로 보고 처음 취득한 때서부터 무효라고 주장할 수 있는 것이다. 일반인이 보기에는 좀 찜찜한 구석이 있는 것이 사실이지만 어쨌든 법은 냉정해야 한다.

하지만 이는 재판이 아니라 입법을 통해서 해결이 되었다. 즉 국회는 2005년 12월 친일반민족행위자 재산의 국가귀속에 관한 특별법을 제정했다. 이에 따르면 친일반민족행위자의 재산은 친일반민족행위자가 국권 침탈이 시작된 러일전쟁 개전 시부터 일제강점기에 일본에 협력한 대가로 취득하거나 이를 상속받은 재산 또는 친일재산임을 알면서 유증·증여를 받은 재산을 말한다. 이러한 친일재산은 그 취득·증여 등 원인행위 시에 이를 국가의 소유로 한다. 그러나 제3자가 선의로('사정을 모르고서'라는 법률용어) 취득하거나 정당한 대가를 지급하고 취득한 권리를 해하지 못한다. 이를 조사하여 환수조치를 하기 위하여 대통령 소속하에 친일반민족행위자 재산조사위원회를 구성했다. 위원회는 실제로 2007년 이후 2010년 7월까지 168명의 소유로 된 2,359필지 11,139,645㎡(공시지가 959억 원, 시가 약 2,106억 원)의 땅을 국가에 귀속조치했다. 또한 이미 재산을 처분한 경우에 얻은 부당이득을 환수하기 위하여 24명 116필지 1,929,758㎡(공시지가 152억 원)의 땅을 확인했다. 자세한 것은 '친일반민족행위자 재산조사위원회' 홈페이지에서 확인할 수 있다. 위원회는 법률에 정한 활동시한에 따라 2010년 7월 12일 활동을 종료했다. 현재 재산환수에 대한 후손들의 반발로 76건의 행정소송과 16건의 민사소송이 진행 중이다. 소송 제기가 더 늘어날 것으로 예상되며, 이에 대한 후속조치가 논의 중이다.

그러나 이러한 소급입법으로 정의가 실현될까? 반드시 그렇지는 않다. 소급입법이란 사후에 법을 제정 또는 개정하여 과거의 사실에 적용하는 것이다. 즉 어떤 행위 당시에는 법적으로 문제가 없었으나 나중에 법이 바뀌어 위법이 되고 법의 제재를 받을 수 있는 것이다. 지금 문제가 없는 어떤 행위로 인하여 나중에 법적 제재를 받을지도 모른다는 우려 때문에 국민은 불안해진다. 그래서 헌법은 제13조 제1항에서 "모든 국민은 행위 시의 법률에 의하여 범죄를 구성하지 아니하는 행위로 소추되지 아니하며……" 제2항에서 "모든 국민은 소급입법에 의하여 참정권의 제한을 받거나 재산권을 박탈당하지 아니한다."라고 규정하고 있다. 그러므로 소급입법을 통해서 친일행위자의 재산을 환수함으로써 얻는 이익, 즉 구체적 사건에서 얻어지는 정의감의 만족과 이러한 소급입법의 선례가 만들어짐으로써 생기는 법적 불안정 사이에 어떤 것이 더 중요한지는 계속 고민해야 할 문제이다. 우리나라는 격변하는 근현대사에서 해방 직후의 반민족행위처벌법, 4·19 혁명 후 3·15 부정선거 관련자와 반민주행위자 및 부정축재자 등을 특별법으로 소급 처벌한 일, 5·18 광주민주화운동 등에 관한 특별법 등 소급입법의 사례가 적잖이 있었다. 이제라도 이 문제를 심각하게 고민해 보아야 할 것이다.

도롱뇽 소송

이른바 '도롱뇽 소송'은 천성산 내 사찰인 내원사와 미타암, 도롱뇽과 도롱뇽의 친구들(대표 지율 스님)이 2003년 10월에 낸 경부고속철도 천성산 구간(원효터널) 13.2킬로미터 구간의 공사 착공금지 가처분신청을 말한다. 법원은 "자연물인 도롱뇽 또는 그를 포함한 자연 그 자체에 대하여 당사자능력(소송법상 당사자가 될 수 있는 능력)을 인정하는 현행 법률이 없고 이를 인정하는 관습법도 없으므로, 따라서 신청인 도롱뇽의 가처분신청은 부적법하다."라고 했으며, 다른 신청인들의 경우도 보호되어야 할 권리가 인정되지 않는다고 했다. 1심과 2심에 불복하여 대법원에 낸 재항고도 2006년 2월 기각되었다. 대법원의 판결은 터널 공사가 천성산의 환경에 심각한 영향을 끼친다는 불명확한 환경문제로 대형 국책사업을 중지시킬 수 없다는 취지였다.

이 재판에서 확인되는 재판의 특징은 인간이 아닌 자연(물)은 권리의 주체가 아니라는 것과 인간의 경우도 자신의 권리가 직접 침해되어야 소송이 성립한다는 점이다. 또 소송이 성립한다 해도 구체적으로 자신의 권리가 침해되었다는 것을 입증해야만 승소할 수 있다는 사실을 알 수 있다. 터널이 도롱뇽을 비롯한 자연환경을 파괴할 가능성만 가지고 공사를 중단할 수는 없으며, 과학적으로 확실한 피해가 인정되거나 예상되어야 한다.

여기서 법률용어 몇 개만 짚고 넘어가자. 가처분이란 재판을 제기하면서 긴급하게 임시조치를 해 놓는 것을 말한다. 물론 재판부가 이에 대하여 판단한 뒤 인정 여부를 결정한다. 예컨대 1억 원을 돌려 달라는 소송을 제기하니까 채무자(소송에서의 피고)가 자신이 보유한 재산을 다 처분해 버린다고 생각해 보자. 그러면 소송에서 이겨도 돈을 받아 낼 도리가 없다. 따라서 1억 원을 돌려 달라는 소송을 제기함과 동시에 채무자의 집 등 주요 재산에 대하여 '처분금지 가처분'을 신청하는 것이다. 소송법적으로 설명하면, 본안소송에서 승소한다 해도 회복할 수 없는 손해가 날 가능성이 있을 때 임시적 조치를 해 놓는 것을 의미하며, 원칙적으로 본안소송에서의 승소 가능성은 고려의 대상이 되지 않는다. 따라서 가처분은 본안소송에서보다 조금 쉽게 인정된다고 보면 된다. 또한 소송에 불복하여 상급법원의 판단을 받아 보는 것을 항소·상고라고 하는 데 비해서, 이러한 가처분(판결이 아닌 결정)에 대하여 불복하는 것은 항고·재항고라고 한다.

이 소송 과정에서 지율 스님은 천성산 고속철도 터널 관통

반대를 위해 2003년 2월부터 2006년 1월까지 다섯 차례에 걸쳐 300일 넘게 단식을 단행해 세상을 떠들썩하게 만든 바 있다. 마찬가지로 환경 파괴 논란을 빚어서 소송을 통해 결론이 난 국책사업들로는 시화방조제와 새만금방조제 사건이 있다. 또 여야의 첨예한 의견 대립을 보였던 '4대강 살리기 사업'과 관련해 제기된 소송에서는 2010~2011년 잇달아 사업 추진에 문제가 없는 것으로 판결이 되어서 사업이 진행되고 있다. 개발과 환경보존의 문제는 영원한 딜레마가 아닌가 싶다.

김○○ 할머니 사건(존엄사 판결)

김○○ 할머니는 2008년 2월 18일 폐암 여부를 확인하러 세브란스병원에 입원해 조직검사를 받다가 과다출혈로 인한 뇌 손상으로 식물인간 상태에 빠졌다. 가족들은 무의미한 연명 치료를 중단하고 품위 있게 죽을 수 있도록 해 달라고 병원 측에 요청했으나 병원 측은 이를 거부했고, 이에 소송을 제기했다. 1심과 2심을 거쳐 2009년 5월 21일 대법원은 이른바 '존엄사'에 대한 최종 판결을 내렸다. 어차피 병원 측도 존엄사 자체를 반대한 것은 아니며 비슷한 사례가 빈발할 것이 예측되므로, 매번 법원의 판단을 물을 것이 아니라 환자와 가족과 의료진이 자체적으로 합리적 결정을 내릴 수 있는 근거를 마련해 달라는 것이었다.

대법원은 회복 불가능한 사망의 단계에 이른 후에 환자가 인간으로서의 존엄과 가치 및 행복추구권에 기초하여 자기결정권을 행사하는 것으로 인정되는 경우에는 특별한 사정이 없는 한 연명 치료의 중단이 허용될 수 있다고 판결했다. 또한 환자가 회복 불가능한 사망 단계에 이르렀을 경우에 대비하여 미리 의료인에게 자신의 연명 치료 거부 내지 중단에 관한 의사를 밝힌 경우에는, 비록 진료 중단 시점에서 자기결정권을 행사한 것은 아니지만 사전의료지시를 한 후 환자의 의사가 바뀌었다고 볼 만한 특별한 사정이 없는 한 사전의료지시에 의하여 자기결정권을 행사한 것으로 인정할 수 있다고 보았다. 법원이 생과 사의 갈림길에서 환자와 가족들이 품위 있는 죽음을 선택할 권리를 인정한 것이다. 이에 따라 2009년 6월 23일 김○○ 할머니의 인공호흡기를 제거했으나 할머니는 스스로 호흡을 하며 생존했고, 201일 만인 2010년 1월 10일 사망했다. 의식불명 후 692일 만이었다.

이 사건과 비교되는 것으로 이른바 '보라매병원 사건'이 있다. 1997년 12월 4일, 보라매병원 응급실로 58세의 남자가 119 구급차에 실려 왔다. 이에 의료진은 긴급하게 수술을 했지만 여러 가지 합병증이 발생하고 환자의 의식도 회복되지 않아 회복 가능성이 매우 낮았다. 다음 날 오후 환자 부인이 경제적 이유로 더 이상 치료를 할 수 없다며 퇴원을 요구했다. 응급실로 데려올 때는 부인이 아닌 다른 사람이 데려왔고 긴급한 상황이라 부인의 동의 없이 수술이 진행된 터였다. 담당 전공의와 전문의는 환자의 상황을 들어 퇴원을 만류했다. 그러나 부인은 동의도 없이 수술해 놓고 퇴원도 마음대로 못하게 한다면서 막무가내로 퇴원을 요구했다. 담당 전문의는 담당 전공의에게 현재 환자의 상황(퇴원 시 사망 가능성)을 환자 보호자에게 다시 한번 주지시킨 다음 귀가서약서(환자 또는 환자 가족이 의료진의 의사에 반하여 퇴원할 경우 이후의 사태에 대해서는 환자 또는 가족이 책임지겠다는 내용)에 서명을 받도록 지시했다. 전공의는 이 지시에 따라 12월 6일 환자 보호자로부터 서명을 받았고, 당일 오후 2시 병원 구급차로 환자를 퇴원시켰다. 당시 환자는 간이형 인공호흡기의 도움으로 스스로 호흡을 하고 있었으나 환자 가족의 요청에 의하여 이를 제거한 후 얼마 되지 않아 사망했다. 이 사건에서 검찰은 환자의 부인을 살인 혐의로 구속하고 담당 의사 3명을 살인죄의 공범으로 기소했다. 법원은 부인에 대하여 부작위에 의한 살인죄의 정범(범죄를 실제로 저지른 사람)을 인정했고, 관련 의사 2명에 대하여 작위에 의한 살인죄의 방조범을 인정했으며, 1명에 대해서는 무죄판결을 했다. 법원은 치료를 계속 했더라면 환자가 살 수 있었다고 판단한 것이다.

두 사건을 비교해 볼 때 결론은 다르지만 취지는 동일하다. 치료를 해도 살 가능성이 없는 경우 품위 있는 죽음을 선택할 수 있다. 다만 환자 본인의 의사가 추정되어야 하며, 정말 생존 가능성이 없는 것인지를 판단해야 하는 등 단순하게 결론 내릴 수 없다. 그러므로 존엄사가 일반적으로 인정되었다고 할 수는 없다. 존엄사를 인정하기 위해서는 아주 세밀한 기준을 마련하여 이것이 남용되지 않도록 해야 한다. 즉 경제적 이유로 존엄사를 택하거나 여러 가지 이해관계가 작용하여 존엄사를 인정해서는 안 된다. 따라서 일반적인 기준을 판결에서 제시하기는 쉽지 않다. 판결은 그 사건에만 효력(기판력)이 미치는 것이므로 결국 존엄사 허용 법률이 필요하다. 현재 국회에서 이에 관한 입법이 추진 중이다. 그러나 입법이 된다 해도 구체적인 허용 여부는 재판을 통하여 다투어지는 경우가 많을 것으로 예상된다.

형사소송은 어떤 재판인가

형법과 관련된 재판

형사재판은 형법과 관련된 재판이다. 형법 위반, 즉 범죄행위에 대하여 국가가 소송을 제기하여 형벌을 받게 하기 위한 재판이다. 이 점이 사인(私人)들 간의 재판인 민사재판과 다른 점이다. 형사소송의 제기(기소, 공소제기)는 피해자가 아니라 국가를 대표하여 검사만 행사한다. 형사 피해자는 고소권을 가질 수 있지만 소송을 제기할 수는 없다. 형사소송의 제기를 검사가 독점하는 것을 기소독점주의라고 한다. 다른 측면에서 국가형벌주의라고 부른다. 비슷한 맥락에서 기소 여부를 검사가 결정하는 것을 기소편의주의라고 한다.

아무리 심한 범죄를 저질렀다고 하더라도 사인이 직접 징계할 수는 없으며, 국가가 사회정의를 위해서 범죄인에게 형벌을 과하는 것이다. 물론 근대적인 국가형벌제도가 만들어지기 전에는 개인이 직접 복수를 했다. 그러나 그런 복수는 힘이 있는 경우에만 가능하며, 힘이 없는 사람은 아무리 심한 피해를 당해도 복수를 할 수 없었다. 더구나 문제가 되는 것은 복수가 복수를 낳는다는 점이다. 중국 무협소설이나 영화를 보면 대를 이어서 서로 복수하는 얘기가 종종 나오는데, 누군가 그 고리를 끊지 않으면 영원히 복수가 이어질 것이다. 또 복수를 할 때는 자신이 받은 피해 이상으로 복수하는 것이 일반적이다. 즉 중상을 입었다면 그만큼만 상해를 입히는 것이 아니라 아예 목숨을 앗아 갈 것이라는 얘기다. 유대인들이 '눈에는 눈, 이에는 이'라고 하는 것(탈리오 법칙)은 당시엔 매우 선진적인 복수의 제한이라고 볼 수 있다. 그 후 국가가 정한 절차와 한도 내에서 복수하는 장면들은 중세 기사들 이야기나 미국 서부영화에서 찾아볼 수 있다. 그러다 근대국가에 들어오면서 사적인 복수를 금지하고 국가가 직접 형벌을 과하게 되었다.

기소 후 재판이 시작되면 검사는 원고가 되고, 피의자(범인이라고 의심되는 사람)는 피고인이 되어 진실을 밝히는 작업에 들어간다. 이 과정에서 법률 전문가인 변호사의 도움을 받을 수 있다는 점은 앞에서 설명했다. 검사는 수사 단계에서부터 공판 단계까지 관여한다. 공판 단계에서는 공소유지검사라고 한다. 우리나라는 특히 검사의 업무가 과중한 것으로 알려져 있다.

검사들 사이에서 유행했던 농담 하나. 판사 부인은 "돈은 안 되지만 남편 얼굴은 볼 수 있다."라고 하고, 변호사 부인은 "돈은 되지만 남편 얼굴 보기 힘들다."라고 하는데, 검사 부인은 "돈도 안 되고, 남편 얼굴 보기도 어렵다."라고 푸념한다고 한다.

형사소송은 민사소송의 심급제와 동일한 구조를 가지고 있다. 그러나 형사재판은 국가가 수행하는 소송이므로 민사재판과 달리 인지라는 것이 없다. 또 소송가액이라는 것이 있을 수 없으므로 해당되는 범죄의 형량을 기준으로 단독심과 합의부를 구분한다. 즉 단기 1년 이상의 범죄에 해당하는 경우 합의부에서 재판을 하는 것이 원칙이다. 예컨대 형법 제173조는 가스·전기 등의 공급을 방해한 자는 '1년 이상 10년 이하의 징역'에 처하도록 했는데, 1년은 단기, 10년은 장기이다. 단순히 5년 이하의 징역이라고 할 경우 징역은 1개월 이상이므로 단기는 1개월이다. 또 5년 이상의 징역이라고 하면 30년이 장기이며, 가중할 경우 50년이 장기이다(형법 §42). 참고로 한 가지 더 설명하면, 징역과 금고는 모두 자유를 박탈하고 가두어 놓는 형벌이다. 다만 징역은 일을 하고 금고는 일을 하지 않는 차이가 있다. 그렇다면 기간이 같은 경우 어느 것이 더 엄한 형벌일까? 정답은…… 사람에 따라 다르다. 일을 안 하는 것이 더 편하고 좋다는 사람이 있는 반면에 일을 하는 것이 더 낫다고 생각하는 사람도 있다. 하지만 법적으로는 어느 쪽이 더 중죄인지를 판단해야 하는 경우가 있어서 그 기준을 정해 놓았다. 기간이 같은 경우 징역이 좀 더 엄한 형벌이다. 반면 기간이 없는 경우는 무기금고가 무기징역보다 더 중한 형벌이다(형법 §50 ①). 그런데 검사가 피의자에 대하여 징역형이나 금고형에 처하는 것보다 벌금형에 처함이 상당하다고 생각되는 경우에는 기소와 동시에 법원에 대하여 벌금형에 처해 달라는 뜻의 약식명령을 청구할 수 있다. 이를 약식기소라고 한다. 이 경우 정식재판을 받지 않으며, 이미 구속된 사람은 석방된다. 판사는 공판절차를 거치지 않고 수사기록만으로 재판을 한다. 그러나 판사가 약식절차에 의하는 것이 불가능하거나 부적당하다고 생각하는 경우에는 정식재판에 회부하여 공판을 열어 재판할 수도 있다. 또 피고인이나 검사는 판사의 약식명령에 대하여 불복이 있으면 7일 이내에 정식재판을 청구할 수 있으므로 재판을 받을 권리를 침해하는 것은 아니다.

　법무부는 실제로 잘 활용되지 않는 형벌인 금고·구류·과료·자격정지를 없애는 방안을 추진하고 있다. 여기서 금고는 징역과 같으나 노역을 하지 않는 것, 구류는 징역과 같으나 30일 미만, 과료는 벌금과 같으나 5만 원 미만, 자격정지는 별도로 기간을 정하여 선거권·피선거권을 제한하는 것을 말한다. 한편 폐지되었던 보호감호제도를 다시 부활하는 방안도 검토되고 있다. 보호감호는 보안처분의 일종으로 형벌을 다 받았지만 재범의 우려가 있는 경우 계속 가두어 놓되 교화를 시키는 것이다. 징역형을 받은 사람이 만기로 출소하자마자 복수를 하러 가는 영화를 본 적이 있을 것이다. 이런 사정을 뻔히 알면서 풀어 줄 수는 없기 때문에 만든 제도이다.

형벌이 범죄의 대가로 주어진다면, 보호감호를 포함한 보안처분은 범죄를 예방하기 위한 것이다. 다만 남용이 문제인데, 1980년대까지 정치적 이유로 장기 수감된 사례가 많이 있었다. 당시에 악명을 떨치던 청송감호소는 최근 경북북부교도소로 이름을 바꾸었다. 보안처분에는 그 밖에도 치료감호와 보호관찰이 있다. 2008년 시행된 '특정 범죄자에 대한 위치추적 전자장치 부착법'에 따라 성폭력범죄자 등에게 부과하는 전자발찌는 일종의 보호관찰제도이다.

형사재판은 민사재판과는 달리 더 엄격한 잣대로 재판한다. 왜냐하면 법적 제재 중 가장 부담스러운 것이 형벌이며(사형을 생각해 보자), 따라서 "99명의 진범을 놓치는 한이 있어도 1명의 억울한 사람이 생겨서는 안 된다."라는 것을 이상으로 여긴다. 하나의 사건에서 민사재판과 형사재판은 동시에 전혀 별개로 진행된다. 예컨대 폭행사건에서 합의가 안 되면 "애, 그냥 몸으로 때우자."라는 얘기를 하는 경우가 있는데, 실제와는 거리가 멀다. 가해자가 형사처벌되면 피해자 입장에서는 한편으로 미안해서 민사소송을 별도로 제기하지 않기도 하지만, 법적으로는 형사처벌되는 것과 별개로 피해에 대한 손해배상(민사소송)을 청구할 수 있다. 이때 위자료(정신적 피해에 대한 배상)를 물적 손해배상과 별도로 청구할 수 있다.

그런데 가끔 민사재판과 형사재판의 결과가 전혀 다르게 나오는 경우도 있다. 각각 지배하는 법원리가 다르기 때문이다. 현실적으로는 재판하는 판사가 다르기 때문인 경우도 있겠다.

예컨대 공을 차다가 실수로 남의 집 유리창을 깼다고 하자. 형사적으로는 처벌되지 않는데, 형법상 '과실손괴죄'라는 것이 없기 때문이다. 그러나 민사적으로는 손해배상을 해 주어야 한다. 하지만 두 소송 모두 사실관계의 확정은 같아야 정상이다. 우리나라의 판례는 아니지만 미국에서 세기의 재판으로 유명했던 심슨(O. J. Simson) 사건이 있다. 1970년대 유명한 흑인 미식축구 선수였던 심슨이 1994년 6월 백인인 전 아내와 그 애인을 살해한 혐의로 체포되었다. 그러나 그를 체포한 경찰이 인종차별주의자였음을 주장하여 증거를 부인한 끝에 1995년 10월 무죄평결을 받아 냈다. 그러나 이어진 민사소송에서는 850만 달러의 배상판결이 나왔다. 같은 사건의 형사소송과 민사소송에서 사실관계를 다르게 인정한 것이다. 우리나라에서는 이와 유사한 사건은 아직까지 없었다.

기소 전 단계

형사소송에서 기소되기 전 단계를 살펴보자. 우선 경찰 또는 검찰에 의하여 수사의 대상이 된다. 이것도 경찰 스스로 어떤 단서에 의하여 수사를 시작하는 인지사건과 고발이나 고소에 의하여 시작되는 경우로 나뉜다. 고발(告發)은 범인을 경찰이나 검찰에 알리는 행위인데 범죄를 알게 된 사람은 누구나 할 수 있다. 반면 고소(告訴)는 법률에 고소권자로 정해져 있는 경우에만 할 수 있다. 예컨대 사기죄나 강간죄의 경우 피해자의 고소가 있어야 기소권이 있고, 기소할 수 있어야 수사가 시작된다. 이를 친고죄라고 한다. 그러면 부부간이나 부자간에도 사기를 칠 수 있을까? 실제로 사기야 칠 수 있겠지만 형벌을 과하지는 않는다. 가족 간의 문제에까지 국가가 개입하기 곤란하기 때문이다. 그렇다고 가족 간의 문제를 전적으로 가족에게 맡기는 것은 아니다. 가정폭력 등 국가가 개입해야 하는 경우도 있다. 자세한 것은 형법이 정하고 있다.

수사 과정에서 피의자(범인이라고 의심받는 자)를 데려다가 수사해야 할 필요가 있을 것이다. 이 경우 검사(경찰은 검사에게 신청하여)는 판사에게 체포영장을 청구하여 판사의 결정으로 영장을 발부받아 체포하고, 48시간 동안 피의자를 데려다가 수사할 수 있다. 그리고 죄가 있다고 판단되면 구속영장을 판사에게 신청하여 발부받아 구속할 수 있다. 그러면 2개월까지 구속할 수 있으며, 두 번 연장할 수 있다. 판사가 구속영장을 발부할 경우 피의자를 불러 심문해야 한다. 이를 영장실질심사라고 하며 법원별로 영장전담판사가 지정되어 있다. 2007년 형사소송법 개정 전에는 신청한 경우에만 실시되었다.

한편 구속이 된 직후에도 피의자는 영장이 정당한지, 즉 구속이 꼭 필요한지 심사를 받을 수 있다. 이를 구속적부심이라고 하는데 피의자(또는 가족 등 법률에 정해진 자)가 신청해야 한다. 우리나라는 형법상 불구속 재판이 원칙이므로 체포나 구속은 예외적이어야 한다. 왜냐하면 범죄를 저질렀는지는 재판 과정에서 밝혀질 것이고, 유죄의 형이 확정될 때까지는 무죄로 추정한다는 것이 헌법상의 원칙이기 때문이다(헌법 §27④). 현행범은 영장 없이 누구나 체포할 수 있다. 다만 50만 원 이하의 벌금이나 구류 등 가벼운 범죄에 해당되는 경우에는 체포할 수 없다.

구속의 요건은 '도주 및 증거인멸의 우려'인데 범인이 도망갈지 알 수 없다는 것이 문제이다. 따라서 실무에서는 해당 범죄에 규정된 형량이 높으면 구속을 원칙으로 하는 것이 관행이다. 또 본인이 범행을 부인하면 도주 및 증거인멸의 우려가 있는 것으로 보아 구속영장을 신청하게 된다. 그렇다 보니 단지 예비군 훈련을 받지 않은 경우였는데 본인이 끝까지 부인하여 구속영장이 신청된 일도 있다. 그냥 인정하면 벌금으로 끝날 것을……. 최근에는 검사의 구속영장 신청에 대하여 법원이 구속을 허락하지 않는 기각률이 높아지고 있어서 법원과 검찰 사이에 미묘한 신경전이 벌어지고 있다. 통계청 자료에 의하면 2002년에 비하여 2009년에는 전체 형사사건에서 구속영장 청구 비율이 4.7퍼센트에서 2.0퍼센트로 낮아졌고, 구속영장 발부율도 87.0퍼센트에서 74.9퍼센트로 낮아졌다.

수사 결과 범죄를 했다고 인정되면 검사는 기소(起訴)를 하고, 피의자는 피고인으로 신분이 바뀐다. 기소하지 않는 것을 불기소라고 하는데, 여기에도 세 가지 경우가 있다. 먼저, 수사해 보니 죄가 없는 경우의 불기소이다. 이 경우 '혐의 없음 불기소'라고 하며 좁은 의미의 불기소처분을 말한다. 두 번째는 기소중지인데 기소해 봐야 증거가 덜 수집되어 있거나 범인이 도망가서 계속 재판을 진행(공소유지)하기 어려운 경우의 불기소이다. 마지막 유형인 기소유예는 범죄는 인정되나 여러 가지 사유로 기소하지 않고 스스로 반성할 기회를 주는 것이다. 대개 "초범이고, 애 엄마는 도망가고, 구속되면 가족의 생계 유지가 곤란하고, 반성하는 빛이 뚜렷하고……" 등의 내용이 기소유예의 사유로 등장한다.

일단 구속이 되면 구속된 상태에서 재판이 진행된다. 불구속 재판에 비하여 비교적 신속하다. 이 과정에서 불구속 재판으로 전환하는 제도가 보석제도이다. 보석보증금을 내고 불구속으로 재판을 받는 것이므로, 일반인들이 생각하듯 "돈 있으면 무죄로 풀려나고, 돈 없으면 몸으로 때운다."라는 의미는 아니다. 보증금의 액수는 재산 상태나 범죄의 경중을 고려하여 판사가 정한다. 돈이 없어서 보석을 신청하지 못하는 경우 일종의 보험제도(보석보증보험)가 마련되어 있어서 소액을 내고도 보석이 가능하지만 판사가 여러 상황을 고려해서 허가해야 이용이 가능하다. 보석이 허용되고 충실하게 재판을 받으면 나중에 그 돈은 돌려준다. 몸이 아파서 구속을 유지하기 어려운 경우에도 보석이 허용되는데, 이를 병보석이라고 한다.

검찰과 경찰의 역할

제아무리 강심장이라고 해도 경찰이나 검찰에서 소환장을 보내면 일단 가슴이 덜컥 내려앉는다. 물론 아무 잘못 없이 정말 깨끗하게 산 사람이라면 다르겠지만. 이는 아마도 조선 시대와 일제강점기를 거치면서 포졸(조선)과 순사(일제)들에게 억울하게 당한 사람들의 이야기를 주변에서 많이 들어서일 것이다. 그러나 민주주의와 법치가 확립된 현대에 경찰이나 검찰은 국민을 위해서 존재하며, 또 당연히 그래야만 한다. 범죄자들을 찾아서 형벌을 과하고, 나아가 범죄를 예방함으로써 선량한 국민들을 보호하기 위해서 존재하는 것이다. 말 그대로 '민중의 지팡이'라고 할 수 있다. 최근에는 검사뿐 아니라 경찰도 선망의 직업이 된 지 오래다. 경쟁률이 높아서 아무나 쉽게 경찰이 되지 못하는 것이 문제일 뿐이다.

우리나라는 대륙법계(반대는 영미법계)의 전통에 따라 검찰이 공소권(公訴權)뿐만 아니라 수사권(搜査權)도 가지고 있다. 따라서 사법경찰관리(司法警察官吏)는 검사의 수사를 보조하며 수사와 관련하여 검사의 지휘를 받는다. 그러나 경찰의 의미에는 방범이나 교통경찰 등 범죄수사 이외의 것도 포함된다. 수사권과 관련해서도 경찰의 수사권 독립이 정부 교체기마다 논의되었고 아직도 진행 중이다. 사소한 범죄와 관련된 것은 경찰의 수사만으로도 끝낼 수 있게 하자는 것이 경찰의 수사권 독립 취지이다. 지금도 대부분의 사건은 검사가 직접 간여하지 않고 경찰의 의견대로 진행된다. 현재는 경찰에서 조사받은 후 검찰에서 다시 조사받는 경우도 생기므로 시민의 입장에서는 바람직할 수 있다. 그러나 모든 사건을 경찰이 단독으로 수사해서는 안 되며, 특히 중대한 사건이나 수사 과정에서 국민의 기본권을 보호하기 위해서는 일정 부분을 검찰이 담당해야 한다는 것이 검찰 측의 반박논리다. 이러한 논의가 검찰과 경찰의 조직 이기주의에서 이루어지면 안 되며, 어느 것이 국민의 기본권 보호에 더 적합한지를 기준으로 삼아야 할 것이다.

먼저 경찰에 대해 알아보자. 경찰(행정)이란 공공의 안녕과 질서에 대한 위해를 방지하기 위한 목적으로 행해지는 모든 활동을 의미한다. 행정경찰과 사법경찰로 구분해 볼 수 있으나 실제로 조직상 구별되어 있지는 않다. 경찰관청으로는 경찰청장·지방경찰청장·경찰서장이 있다. 그 밖에 의결 및 협의기관으로 경찰위원회(경찰법 §5)와 치안행정협의회(경찰법 §16) 등이 있다. 정부조직에서 경찰청은 행정안전부장관의 소속하에 있다(경찰법 §2). 우리나라는 국가가 경찰에 대한 권한을 모두 행사하는 국가경찰제이며, 소방경찰에 대해서만 지방자치단체가 관할하고 있다. 하지만 일정 부분 지방자치단체가 경찰을 담당하는 지방자치경찰제도가 논의되고 있으며, 시범적으로 제주특별자치도에 2006년 7월 1일부터 자치경찰제가 실시되고 있다. 한편 국가기밀과 국가보안법 위반에 관련된 수사는 국가정보원이 담당하고 있고(국가정보원법 §3), 기타 개별 법률에 따라 교도소장, 삼림보호에 종사하는 공무원, 검사장의 지명에 의한 경우 등 경찰이 아닌 사람이 경찰 직무를 맡기도 한다.

한편 검사는 검찰권을 행사하는 국가기관이다. 검사는 공익의 대표자로서 범죄수사, 공소제기와 그 유지에 필요한 사항, 범죄수사에 관한 경찰의 지휘와 감독, 법원에 대한 법령의 적당한 적용 청구, 재판집행의 지휘와 감독, 국가를 당사자 또는 참가인으로 하는 소송과 행정소송의 수행 또는 그 수행에 관한 지휘와 감독 등을 직무와 권한으로 하는 국가기관이다(검찰청법 §4①). 즉 검사는 수사 절차에서 공판 절차를 거쳐 재판 집행 절차에 이르는 형사 절차 전반에서 검찰권을 행사하는 국가기관이다.

검사의 임명 자격은 법관의 임명 자격과 동일하며, 법관에 준하는 신분 보장이 이루어진다. 검사는 검찰사무를 처리하는 단독 관청이지만 직무와 관련하여 모든 검사가 상명하복의 관계라는 검사동일체 원칙의 지배를 받으며(검찰청법 §7), 법무부장관과 검찰총장의 지휘·감독을 받는다. 구체적 사건에서 법무부장관은 검찰총장을 지휘·감독할 수 있지만(검찰청법 §8), 실제 사례는 많지 않다.

검찰청은 대검찰청·고등검찰청·지방검찰청으로 구성되며, 각각 대법원·고등법원·지방법원에 대응된다. 관할구역도 각급 법원의 관할구역에 의한다. 대검찰청의 장은 검찰총장이며, 고등검찰청과 지방검찰청의 장은 검사장이라고 부른다. 각급 검찰청에는 차장검사가 있는데 검찰총장이나 검사장을 보좌하는 2인자이다. 일반 사기업에서 차장 위에 부장이 있는 것과 대비되므로 '부장 위에 차장'이라는 농담이 있다.

특별검사제

특별검사도 검사인가? 앞서 설명한 기소독점주의의 예외인가? 특별검사제는 고위 공직자의 비리나 위법 혐의가 발견되었을 때 또는 수사기관이 연루된 사건 등 검찰 자체의 수사가 어려울 때 수사와 기소를 행정부로부터 독립된 변호사로 하여금 담당하게 하는 제도다. 특별검사제의 기원은 미국 그랜트 대통령(U. S. Grant, 1869~1877 재임)이 자신의 개인비서의 탈세혐의를 수사하기 위하여 특별검사를 임명한 것이 처음이다. 검사가 국가공무원인 한국과는 달리 미국의 경우 행정부가 고용하는 변호사가 검사라는 관념이 강했기 때문에 특별검사제가 법적 뒷받침 없이 자연스럽게 운용될 수 있었다. 이 제도가 본격적으로 도입된 것은 1972년 닉슨 행정부의 워터게이트 사건에서다. 그러나 실효성에 대한 문제 제기로 인해 1992년 12월 특별검사 관련법은 일시 폐지되었다. 하지만 1994년 7월 클린턴 행정부는 대통령 자신이 관련된 화이트워터 사건을 공정하게 수사해야 한다는 여론의 압력 때문에 특별검사제 관련법을 부활시키지 않을 수 없었다. 이 법은 한시법(일정 기간 지난 후 폐지되는 것이 입법 당시 정해진 법률)이었으므로 현재 미국에서는 특별검사제가 폐지된 상태다.

우리나라에서는 1999년 9월 '한국조폐공사 노동조합 파업 유도 및 전 검찰총장 부인에 대한 옷 로비 의혹사건 진상규명을 위한 특별검사 등의 임명에 관한 법률'을 제정, 특검제가 도입되어 파업 유도 사건에는 강원일 변호사가, 옷 로비 사건은 최병모 변호사가 특별검사로 임명되었다. 이후 2001년 11월 이용호 금융비리사건에서 실시되었고, 또 2003년 2월 대북송금 의혹 규명을 위해 '남북정상회담 관련 대북비밀송금 의혹사건 등의 진상규명을 위한 특별검사임명 등에 관한 법률'에 따라 실시되었다. 2010년 7월에는 역대 9번째로 '검사 등의 불법자금 및 향응수수사건 진상규명을 위한 특별검사의 임명 등에 관한 법률(법률 제10370호)'에 따라 특별검사가 임명되었다.

이들 특별법에 따르면 국회가 대한변호사협회에 특검 추천을 의뢰하면, 변협이 법조 경력 15년 이상(노무현 대통령 측근비리 의혹 특별검사법에서는 10년 이상)된 변호사 중에서 2명의 후보를 선정해 대통령에게 추천하고, 대통령은 이 중에서 1명을 임명한다. 특별검사는 정식으로 임명된 뒤 특별검사보 및 특별수사관을 선정하고 검찰청이 아닌 제3의 장소에 별도 사무실 등을 마련하여 활동한다. 특별검사는 법조 경력 10년 이상(노무현 대통령 측근비리 의혹 특별검사법에서는 7년 이상)인 사람을 대상으로 복수의 특별검사보 후보자를 선정해 대통령에게 임명을 요청하고, 특별수사관을 직접 선발·임명해야 한다. 특별수사관의 경우 특별한 자격요건은 없다. 특별검사보는 특별검사의 지휘·감독에 따라 사건수사와 공소유지를 담당하고, 특별수사관과 관계기관에서 파견된 공무원을 지휘·감독한다. '특별검사'는 고등검사장, '특별검사보'는 검사장, '특별수사관'은 3~5급 상당의 별정직 공무원에 준하는 보수와 대우를 받는다. 일단 특별법에 의하여 특별검사가 인정되면 수사와 소송에 있어서 보통의 검사와 다를 바가 없다. 특별검사도 검사의 일종으로 볼 수가 있으므로 기소독점주의의 예외는 아니라고 할 수 있다.

다만 미국에서와 마찬가지로 우리나라에서도 특별검사제의 실효성에 의문이 제기되고 있다. 막대한 예산과 조직을 사용하지만 그 결과는 대부분 실망스러웠다. 즉 대부분의 특검이 야당의 정치적 공세에 밀려 출범되는 경우라서 실체적 진실 발견과는 거리가 멀었고, 정치적 부담 때문에 무리한 수사와 기소가 이루어진다는 점이 폐단으로 지적된다. 우리나라가 이전에 도입했던 특별검사제는 모두 한시법으로 입법되어 특정 사건을 처리하면 모든 조직이 해산되는 형태였다. 그러나 최근에는 권력형 비리사건이 빈발해 고위공직자비리수사처를 도입하거나 상설특별검사제를 도입하자는 논의가 있다.

유전무죄 무전유죄(지강헌 사건)

앞서 보석과 관련하여 돈 얘기를 했는데, '유전무죄 무전유죄'라는 유행어를 만들어 낸 지강헌 사건을 소개한다. 서울올림픽의 흥분이 채 가시기도 전인 1988년 10월 16일, 서울 북가좌동 한 가정집에서 탈주범 4명이 한 가족을 인질로 삼고 경찰과 대치하다가 10시간 만에 자살 또는 사살되는 유혈극이 벌어졌다. 처음 12명의 미결수 탈주범 중 마지막 인질범은 최후의 순간에 비지스(BeeGees)의 '홀리데이'를 들으면서 깨진 유리로 자기 목을 그었다. 다른 인질범들이 먼저 총으로 자살을 하고(타살로 보이지만) 총알이 없어 유리로 목을 그은 것이다. 그러다 인질을 해치려는 줄로 착각한 경찰특공대가 쏜 4발의 총을 맞고 죽었다. 바로 그 인질범이 지강헌이다. 그리고 그가 남긴 '유전무죄 무전유죄(돈 있으면 죄가 없고 돈 없으면 죄가 있다)'라는 말은 우리 사회에서 오랫동안 유행했다.

당시 탈주범들이 인질들에게 밝힌 탈주 원인은 10년에서 20년까지 내려진 과중한 형량이었다. 당시 전두환 정부는 형량을 대폭 강화하는 특별법을 양산했다. 이들의 탈주 계기가 된 것은 형량의 불평등이었다. 지강헌은 "돈 없고 권력 없는 못 사는 게 이 사회다. 전경환의 형량이 나보다 적은 것은 말도 안 된다." "대한민국의 비리를 밝히겠다. 돈이 있으면 판검사도 살 수 있다. 유전무죄 무전유죄, 우리 법이 이렇다."라고 항변했다. 전두환 전 대통령의 동생인 전경환 씨는 수십 억 원에 대한 사기와 횡령으로 1989년 징역 7년을 선고받았으나 실제로는 2년 정도 실형을 살다가 풀려났다. 지강헌 등은 돈 있고 권력 있는 자는 특혜를 받고, 돈 없고 권력이 없으면 중형을 받는 상대적 불평등에 분노한 것이다.

지강헌, 그는 동정받을 이유가 없는, 상습적으로 강·절도를 저질러 온 범죄자였다. 우연히 대마초에 손을 댄 것이 계기가 되어 범죄의 길로 들어섰고 그것이 돌이킬 수 없는 선택이 되었다. 그러나 그의 죽음은 또한 시대가 낳은 비극이기도 했다. 이른바 '5공 비리'로 불리는 전두환 전 대통령과 그 일가의 부정부패가 빈민층의 상대적 박탈감을 가속화했다. 지강헌의 말이 꼭 맞는 것은 아닐지라도 그러한 시대적 분위기가 '유전무죄 무전유죄'에 대한 사회적 공감을 상당히 불러일으켰다.

이러한 사법부에 대한 불신은 아직도 완전히 해소되지 않았고 끊임없는 논쟁을 야기하고 있다. 대법원 양형위원회는 법원이나 사건별로 차이가 나는 형량을 조정하기 위한 양형 기준을 마련하여 제시하고 있다. 그러나 사건별로 수십 가지 이상의 판단 요소들이 존재하므로 기계적인 통일은 어려우며, 결국 판사들의 양심과 전문성에 대한 국민의 신뢰 회복이 중요하다.

형량과 관련된 얘기를 좀 더 해 보자. 점차 빈발하는 어린이 상대 범죄를 보면서 형량을 높이라는 요구가 많다. 하지만 최근의 유영철·강호순 등 연쇄살인 사건에서도 볼 수 있듯이, 형량을 높인다고 강력 사건이 줄어드는 것은 아니다. 범죄심리학에 의하면 범죄자는 자신이 검거되어 실형을 살거나 심지어 사형을 당할 수 있다고 생각하기보다는 자신은 잡히지 않는다는 심리상태에서 범죄를 저지르는 경우가 많기 때문이다.

그 밖의 소송에는 무엇이 있나

행정소송과 행정심판

일반적으로 대부분의 소송은 민·형사소송이지만 그 밖에도 다음과 같은 소송들이 있다. 기준에 따라 그 종류를 더 세분해 볼 수도 있다.

행정기관이 공익을 위해서 행하는 일방적이고 강제성을 띤 법 집행행위를 처분 또는 행정처분이라 하는데, 학문적으로는 행정행위라고 한다. 허가·면제·특허 등이 그것이다. 그런데 이러한 행정기관의 행정행위에 만족하지 못하는 경우 민원인(행정객체)에게는 크게 세 가지 불복 방법이 있다. 즉 행정행위를 한 행정기관에 불복하는 이의신청, 그 상급기관에 불복하는 행정심판, 법원에 불복하여 구제를 받는 행정소송 등이 그것이다.

행정소송은 1998년 행정법원이 만들어지기 전에는 행정심판을 거친 후에나 가능했지만 현재는 행정심판을 거치지 않고도 가능하고 또 동시에도 가능하다. 과거의 행정소송은 고등법원→ 대법원의 2심으로 진행되었다. 행정소송 중 행정처분 취소소송에 대하여는 소송 제기에 앞서 행정심판을 거쳐야 했기 때문에 3심제에 준하는 형태였다. 그러나 행정소송의 1심법원으로 지방법원 급인 행정법원이 설치된 이후 3심제가 되었고, 행정처분 취소소송도 다른 법률에 특별한 규정이 없는 한 행정심판을 거치지 않고도 행정소송을 제기할 수 있게 된 것이다.

행정심판은 바로 상급기관에 만들어진 행정심판위원회에서 행한다. 예컨대 수원시의 행정행위에 불복하는 경우 경기도 행정심판위원회에 청구해야 한다. 중앙에는 국민권익위원회에 행정심판위원회가 설치되어 있어서 경찰 관련 처분 등 기타 사항에 대하여 심판한다. 행정심판은 같은 행정부 내에서 구제해주는 것으로, 소송에 비해 간편하기 때문에 임의적 절차로 바뀐 현재도 많이 이용되고 있다. 이에 비해 행정소송은 민사소송과 비슷하지만 행정기관의 행위에 대하여 법원에 의하여 구제받는 것으로, 상대방이 국가나 지방자치단체라는 점이 특징이다. 원고와 피고가 있고, 변호사의 도움을 받을 수 있고, 변론을 해야 하는 등 비슷한 점이 많다. 실제로는 국가나 지방자치단체를 상대로 하는 소송인만큼 당사자나 변호사 모두 민사소송에 비하여 부담이 되므로 대개 소송가액이 큰 경우에 적극적으로 소송이 이루어진다.

  행정소송의 특징으로는 항고소송(행정처분 자체의 효력을 다투는 소송)의 피고를 국가나 지방자치단체 자신으로 하지 않고 그 기관인 처분청으로 한 점, 취소소송(항고소송의 일종으로 행정처분의 취소를 구하는 소송)은 '처분 등이 있음을 안 날부터 90일 이내, 처분 등이 있은 날부터 1년 이내 등' 단기의 제소기간 규정을 둔 것, 직권심리주의를 채택하여 민사소송의 변론주의·처분권주의에 대한 예외를 인정한 것 등을 들 수 있다. 여기서 처분권주의란 민사소송법의 심리에 관한 원칙으로, 절차 개시, 심판대상, 절차 종결에 대해 당사자의 처분에 맡기는 것을 말한다. 민사소송이 원고와 피고 사이의 주장을 소극적으로 듣고 판사가 판단하는 데 비하여, 판사가 적극적으로 소송의 논점을 주도할 수 있는 것이 직권심리주의이다. 이는 행정소송의 공익성 때문이다. 행정소송(특히 항고소송)이 제기된다 해도 그 행정처분의 진행은 정지되지 않는다. 다만 공공복리를 해치지 않는 범위 내에서 예외적으로 집행정지결정을 할 수 있을 뿐이다.

  행정소송의 사례로서 새만금방조제 공사를 둘러싼 20여 년에 걸친 갈등과 소송에 대하여 알아보자. 새만금방조제는 수년에 걸친 사전 조사에 이어 1991년 착공했다. 그러나 처음부터 개발이냐 환경보전이냐 하는 공사 찬반 논란에 이어 공사에 반대하는 환경단체 및 지역주민들이 2001년 8월에 낸 '사업취소소송'의 기나긴 여정 결과, 재판부(서울행정법원 행정3부. 강영호 부장판사)는 2005년 1월 17일에 공사일시중단 및 재검토를 골자로 하는 조정권고안을 내놓았다. 정부와 전라북도가 이를 반대하자 이런 내용으로 강제조정이 이루어졌다(판결과 같은 효과). 이에 정부가 불복하여 항소를 했고, 2005년 12월 21일 서울고법 특별4부가 새만금 항소심 선고공판에서 원고(환경단체) 패소 판결을 내렸다. 이에 환경단체들이 상고했고, 결국 대법원은 정부 승소 판결을 내렸다(대판 2006.3.16, 2006두330). 이에 공사는 재개되었다. 한편 2009년 1월 12일 정부는 새만금 간척지 토지 이용계획에서 70퍼센트였던 농업용지를 30퍼센트로 줄이고, 대신 산업용지를 70퍼센트로 늘리는 방안을 확정하고 '새만금 특별법'을 개정했다. 이런 우여곡절 끝에 1991년 착공한 새만금방조제는 19년 만인 2010년 4월 27일 마침내 준공되었다. 군산에서 부안을 잇는 세계 최장 길이(33.9킬로미터)의 새만금 방조제 공사가 마무리되고 간척지 개발이 진행되고 있다. 개발과 환경 중 어느 것이 중요한지 판단하기는 어렵다. 서로 장단점이 있기 때문이다. 다만 법원의 판결을 통하여 끊임없는 사회적 갈등과 논쟁이 마무리되었다는 점이 중요할 것이다. 대법원도 판결문에서 정부는 갈등을 줄일 수 있는 방안을 마련하여 추진하라고 권고하고 있다.

특허소송과 세무소송

특허소송은 일종의 행정쟁송(행정심판과 행정소송을 포괄하는 개념)이지만 일반적인 행정심판과 행정소송에 비하여 특색이 있다. 즉 특허심판은 산업재산권(특허·실용신안·의장·상표 등)에 관하여 분쟁이 있을 경우, 특허심판원의 3인 심판관 합의체에 의하여 그 분쟁을 심리·결정하는 쟁송의 해결 절차를 말한다. 특허심판 및 특허소송 제도는 대법원을 최종심으로 하고, 행정기관인 특허청이 그 전심으로서 특허법상의 쟁송을 심리·결정하는 제도로서, 행정행위와 사법행위의 중간적 성격을 지닌다. 특허 관련 사건의 분쟁은 전문적인 고도의 기술적 판단이 요구되므로 심판의 전문성과 공정성을 확보하기 위하여 특허심판원에서 1심을 담당하고, 불복 시 2심인 고등법원급의 특허법원(1998년 설립)을 거쳐 3심인 대법원에 상고하게 되어, 특허법원→대법원의 2심 재판제가 채택되었다.

특허소송이라 함은 특허침해소송 등 사인 간의 권리분쟁에 관한 일반 민사사건을 포함하지 않으며, 특허심판원 심결의 당부를 다투기 위한 2심 이후의 심결취소 소송을 의미한다. 특허의 출원이나 특허 관련 업무를 도와주는 사람은 변리사라고 한다.

한편 국세나 지방세가 잘못 부과되었을 때는 법원에 소송을 제기하여 구제받을 수 있는데, 이를 세무소송이라고 한다. 세무소송은 일종의 행정소송이지만 일반적인 행정소송과 달리 과세기관에 대한 이의신청과 국세심판원에 대한 심판청구 등이 전심 절차로 필수적이라는 점이 다르다. 이때 세무관계를 도와주는 세무사가 있다. 변호사도 특허나 세무 관련 업무를 할 수 있다. 한편 특허나 세무 관련 소송은 변호사만이 행하는데, 변리사와 세무사도 그 한도 내에서 소송을 수행할 수 있어야 한다는 논의가 있다.

가사소송과 비송사건

가사소송은 가사사건을 대상으로 하는 소송으로서 가정법원에서 재판이 이루어진다. 약혼·혼인·이혼·사실혼, 인지(자기 자식임을 법적으로 인정하는 것), 입양(친자식이 아닌 사람과 법률상 친자관계를 맺는 것) 등과 관련된 사건들을 다룬다. 수년 전 모 유명 정치인이 수십 년간 숨겨 놓은 딸이라고 주장하는 사람이 있었다. 이 경우 진짜 친자식인지 아니면 재산을 노리는 사기극인지 판단해야 하는데, 이를 다루는 소송이 친생자관계 확인의 소송이며 가사소송에 속한다.

한편 비송사건은 넓은 의미로는 국가가 사법질서의 유지를 위하여 사권(私權)의 발생·보존·변경·실행·소멸 등에 관하여 후견적 임무를 수행하는 사건을 말하며, 좁게는 비송사건절차법에 의해 처리되는 사건이다. 비송사건절차법상의 비송사건에는 민사비송사건으로서 법인(法人), 신탁(信託), 재판상의 대위(代位), 보존·공탁·보관·감정, 법인의 등기, 부부재산약정의 등기 등에 관한 사건이 있으며, 상사비송사건으로서 회사와 경매, 사채(社債), 회사의 청산(淸算), 상업등기 등에 관한 사건이 있고, 그 밖에도 과태료에 관한 사건이 있다.

헌법재판소도 법원인가

    헌법재판소는 1960년 헌법에서 규정된 적은 있지만 실제로 구성된 것은 현행헌법(1987)하인 1988년이다. 이전 헌법에 있던 헌법위원회와 비슷하지만 많은 차이가 있다. 헌법위원회는 존속하는 동안(1972~1987) 한 건도 심리하지 않았지만, 현행 헌법재판소는 설립된 지 이미 20년이 넘었을 뿐 아니라 그동안 사회적 파장이 큰 결정을 내리면서 눈부신 활약을 하고 있다.

    헌법재판은 헌법과 관련된 분쟁을 심판하는 것이다. 이를 사실심과 법률심에 비해서 헌법심이라고 한다. 우리 헌법재판소는 법률이 헌법에 위반되는지 여부를 판단하는 위헌법률심판, 신분이 보장되는 고위 공직자가 헌법과 법률을 위반한 때 그 직위에서 퇴출시키는 탄핵심판, 정당의 목적과 활동이 민주적 기본질서에 위반되는 경우 해산시키는 정당해산심판, 국가기관 상호 간 또는 국가와 지방자치단체 사이의 권한 범위를 획정해 주는 권한쟁의심판, 그리고 공권력의 행사로 인한 국민의 기본권침해가 있을 때 이를 구제해 주는 헌법소원심판 등 다섯 가지 심판을 수행하고 있다. 넓은 의미에서는 선거소송도 헌법소송이라고 할 수 있지만 우리나라는 대법원과 고등법원에서 담당한다.

    헌법재판은 일반 재판과 비슷하지만 다른 점도 많다. 위의 다섯 가지 심판 중에서 헌법소원심판을 제외하면 모두 개별 국민이 소송을 제기하는 것이 아니라 국가기관이 소송을 제기하는 것들이다. 또한 헌법재판은 일반 재판과는 달리 그 결과가 당사자뿐 아니라 국가기관과 일반 국민 모두에게 영향을 끼친다. 예컨대 위헌법률심판에서 어떤 법률이 위헌으로 결정되면, 관련 재판과 헌법재판에 관계된 사람에게만 법률폐지의 효과가 있는 것이 아니라 국가기관과 국민 누구에게나 미친다.

또한 같은 이유로 당사자에게 소의 이익이 없는데도 헌법재판이 진행되는 경우가 많다. 예를 들어 보자. 빚을 받기 위해 민사소송을 제기했는데 재판 도중에 채무자가 빚을 갚았다면 소의 이익이 없어졌다고 하며, 소송이 중지된다. 그런데 헌법재판소는, 구속된 피의자가 구치소에 있는 동안 편지를 검열하는 행위가 헌법상 보장되는 통신의 자유를 침해한다고 제기된 헌법소원심판사건에서, 그 당사자는 이미 출소해서 심판 당시에는 이미 소의 이익은 없어졌으나 다른 사례에서 반복될 가능성이 있으므로 계속 심판을 진행해서 위헌결정을 했다(헌재 1997.7.21. 92헌마144). 헌법재판의 이러한 특성을 전문용어로는 객관소송이라고 한다. 이와 대비되는 법원의 재판은 대체로 주관소송이다. 이런 점에서 헌법재판소는 일반법원과 기본적인 성격이 같으면서도 상당히 다른 특성을 가진다.

그렇다면 헌법재판소도 법원인가? 둘 사이의 같은 점에 착안하면 '그렇다'가 정답이다. 독일의 다수의견이며 우리나라도 많은 사람들이 동조하는 입장이다. 그러나 서로 다른 점에 착안해서 이 둘을 구분하는 의견도 많다.

한편 헌법은 법원과 헌법재판소를 별도의 장(章)에 규정했고,

법률상 헌법재판소장은 대법원장과, 헌법재판관은 대법관과 같은 예우를 받는다. 그러나 사실심을 하는 하급법원과 법률심을 하는 대법원의 특성에 비추어 헌법심을 하는 헌법재판소가 더 높은지에 관한 논쟁이 계속되고 있다. 즉 대법원에서 확정된 재판이라도 이에 적용된 법률이 위헌이거나 아니면 재판 과정에서 국민의 기본권을 침해했다면 헌법재판소가 다시 통제할 수 있는지를 둘러싼 논쟁이다. 국민의 입장에서 보면 참 무의미한 논쟁이다. 헌법재판소의 조직 규모나 특성상 모든 일반 사건들을 다시 통제할 수도 없으려니와 상호 보완적으로 국민의 기본권과 권리를 보장해 준다면 어느 기관이 높은들 무슨 문제이겠는가. 물론 그렇다고 두 기관이 서로 반목만 하는 것은 아니다. 기본적으로 사실관계나 재판의 전제성이 있는가라는 문제는 법원의 판단을 존중하는 것이 헌법재판소의 입장이고, 헌법재판소의 위헌결정 효력을 동종의 다른 사건에서도 보장하는 것이 대법원의 판례이다.

법원이 바로 서야

법원이 제대로 기능하기 위해서 필요한 몇 가지 문제를 더 살펴보자.

우선 대법원의 구성, 즉 대법원장과 대법관의 임명 문제가 있다. 현재 대법원은 대법원장과 법원행정처장 그리고 12명의 대법관으로 구성된다. 대법원장은 대통령이 국회의 동의를 거쳐 임명하고, 대법관은 대법원장의 제청으로 대통령이 국회의 동의를 얻어 임명한다(헌법 §104). 임기는 6년인데 대법원장은 연임할 수 없고 대법관은 연임이 가능하다. 그리고 인사청문회법에 따라 인사청문회를 실시한다.

그런데 대법원의 업무량을 고려하면 대법관의 수를 대폭 늘려야 한다. 실제로 한 달에 수백 건씩 상고심을 처리하고 있어서, 이론적으로 심도 있는 검토가 필요한 사건에 많은 시간을 할애해서 숙고할 수 있을지 의문이다. 대법관 수를 대폭 늘리는 안이 정치권에서 논의되고 있는데, 대법원은 희소성의 상실을 우려해서인지 이에 반대하는 대신 고등법원에 상고심사부를 두어서 상고를 제한하는 방안을 제시하고 있다. 그러나 항소심을 담당한 고등법원이 이에 불복하여 상급법원인 대법원으로 가는 것을 통제하는 것은 이론적으로 문제가 있어 보인다. 차라리 지금 시행하고 있는 심리불속행제도(대법원에서 심리할 필요가 없는 일반적인 사건이라고 판단되면 심리를 하지 않는 것)를 유지하는 것이 나을 것이다. 한편 개헌이 된다면 대법원 구성과 관련하여 3분의 1씩 개선(改選)을 하면 어떨까 싶다. 같은 시기에 대법관이 많이 바뀌면 판례의 흐름이 급격히 바뀔 가능성이 있기 때문이다. 물론 실제로는 중간에 정년퇴임 등으로 인한 후임자를 임명하고 후임자는 새로 임기를 시작하므로 큰 문제는 없다.

대법원장은 재판에서는 대법관의 역할만 하지만 실제 영향력은 그 이상이며, 법원 전체를 대표하는 상징성을 지닌다. 대법원장은 판사의 임명과 보직, 일반직의 임명권과 보직권을 모두 가진다. 판사의 임용은 사법시험과 사법연수원 성적을 합산하여 성적순으로 이루어진다. 그런데 이 순서가 다음에 승진할 때도 이어지고 결국 끝까지 가므로, 직무평정을 제대로 실시하여 실질적 경쟁체제로 가야 한다는 의견이 있다. 하지만 이에 대하여 판사의 직무에 대한 평정을 제대로 하기는 어렵고, 결국 소신 있는 재판을 가로막을 뿐이라는 반론도 있다. 판사의 임기는 10년이지만 실제로 재임용이 안 되는 경우는 드물다.

대법원장의 인사권과 관련된 판례를 하나 소개한다(헌재 1993.12.23, 92헌마247 인사명령취소). B 판사는 1987년 3월경 법관으로 임용된 이래 인천, 서울 등 이른바 재경에서 근무하다가 경향교류원칙(수도권과 지방을 왕래하며 근무하는 것)에 따라 1991년 2월 11일 광주지방법원 목포지원 판사로 전보발령되었다. 그런데 그곳에서 근무하던 중 재경 지역 법원으로의 복귀발령을 위한 정기인사를 불과 6개월 남짓 앞둔 1992년 8월 21일 아무런 예고도 없이 광주지방법원 판사로 전보발령을 받았다. 그 뒤에 시행된 1993년 3월과 9월 법관 정기인사에서도 지방의 경향교류 대상 법관들이 예외 없이 소정 임기를 마치고 서울 지역의 각 법원으로 복귀발령을 받았으나 유독 그만이 제외되었다. 이에 대하여 B 판사는 대법원장의 이러한 인사 처분은 각급 법원에의 적절한 인력 배치와 이에 필요한 인원의 조정 및 활용이라는 법관인사의 본래 목적과는 전혀 무관하다고 주장했다. 그는 1990년 8월경 법관의 승급기준에 관한 규칙의 위헌성을 지적한 적이 있고, 1992년 6월 하순경 목포경찰서 경찰관 등의 피의자 불법감금사건(구속영장이 기각되어도 풀어 주지 않고 재차 구속영장을 신청한 것이 불법감금에 해당한다고 판단)에 대하여 고발한 적이 있었다. B 판사는 이러한 인사 처분이 자신의 일련의 행동에 대한 개인의 부정적 평가를 바탕으로 한 자의적(恣意的)인 것으로 볼 수밖에 없다고 주장했다. 그리고 이는 법관의 인사를 징계 내지 문책의 수단으로 악용한 것으로서, 자신을 다른 경향교류 대상 법관과 달리 부당하게 차별함으로써 헌법상 보장된 평등권을 침해했다고 주장하여 헌법소원심판을 제기했다. 그러나 이에 대하여 헌법재판소는 대법원과의 관계를 지나치게 의식해서인지 법원행정처에서 실시되는 소청심사위원회와 행정소송을 거치지 않았다 하여 각하(却下) 결정(재판의 형식을 갖추지 못하여 내용 판단에 들어가지 않는 것)을 했다. 그러나 소청심사위원회와 행정소송은 판사의 보직에 대한 정상적인 구제 절차라고 보기에는 무리가 있어 보인다.

다음으로 대통령의 권한 중 사면권의 문제가 있다. 사면이란 형의 선고를 없애 주거나 형의 집행을 면제해 주는 것을 말한다. 감형은 형기를 줄여 주는 것을 말하며, 복권은 상실된 자격(선거권과 피선거권)을 회복시켜 주는 것을 말하는데, 일반적으로 사면은 이들 모두를 포함한다. 또 사면에는 일반사면과 특별사면이 있는데, 일반사면은 죄의 종류를 정해 해당되는 모든 사람을 사면하는 것으로, 입법적인 효과를 가져오므로 사전에 국회의 동의를 얻어 시행한다. 반면에 특별사면은 특정인에 대하여 사면하는 것으로 국회의 동의와 상관없이 할 수 있다. 사면은 결국 정치적 이유로 사법부의 판단을 뒤집는 결과를 가져온다. 따라서 이의 신중한 행사가 필요하다. 개인적으로는 아예 폐지가 바람직하다고 생각한다. 특별사면을 수백만 명씩 단행한다면 이는 실제로 일반사면과 같은 효과를 가져오므로 법의 취지를 무색하게 하고 국회의 견제를 피해 갈 가능성이 있다. 현행 헌법하에서도 김영삼 정부는 9회 702만 명, 김대중 정부는 8회 538만 명, 노무현 정부는 8회 425만 명을 사면했다. 물론 여기에는 가벼운 교통법규 위반으로 인한 벌점 삭제 등도 포함된다. 이명박 정부도 이미 수차례에 걸쳐 대규모 사면을 단행했고 2009년 말에는 이건희 전 삼성회장에 대한 특사를 단행하여 논란이 된 바 있다.

대규모 사면을 단행하는 경우 문제가 되는 것은 정부가 바뀔 때마다 이런 사면이 반복되어, 특히 대통령 임기 말에는 법을 지키지 않아도 조금만 기다리면 된다는 식의 풍토가 형성되는 것이다. 또 교통법규 위반 같은 사소한 경우가 아니라면 대개 유명 정치인이나 경제계 거물은 당연히 사면이 되고 그렇지 않은 보통 사람들은 형을 다 마친다는 불만이 크다. 여기서는 '무권유죄, 유권무죄'인가.

이 밖에도 앞서 일부 언급했지만 고등법원을 비롯한 법원의 추가 설치, 대법관을 비롯한 법관을 늘리는 문제, 양형의 통일, 법원예산의 부족 문제, 온라인 소송 등 소송의 간편화, 직장인의 편의를 위한 야간재판, 소장 등 소송 절차의 간소화, 변호사의 조력 확대, 일반 국민에 대한 법률 교육 등 수많은 문제가 산재해 있다. 그러나 이와 동시에 이러한 문제들에 대한 활발한 논의가 있으며, 특히 법원과 정치권을 중심으로 이른바 사법개혁이라는 이름으로 많은 대안이 제시되고 있다.

그런데 이런 것들이 왜 중요할까? 결론적으로 말하면, 법원이 바로 서야 나라가 바로 설 수 있기 때문이다. 대통령과 국회의원은 자신의 정치적 입장에 따라 국민 전체를 대변하지 못할 수 있다. 사회가 복잡해지고 다양해지다 보니 각각 자신들의 목소리만 높이는 모습이 확연히 눈에 띄는데, 민주화 과정에서 자연스러운 현상이다. 그러나 민주주의가 성공하기 위해서는 그런 갈등을 스스로 해결할 수 있는 사회적 시스템을 갖추고 있어야 한다. 당사자들이 양보와 타협으로 해결하라는 것은 이상일 뿐, 현실에선 자신의 이익을 일정 부분 포기하면서 양보하기란 쉽지 않다. 그렇다면 서로 자신의 주장을 최대한 설득력 있게 표현하고 누군가 양쪽의 의견을 들어서 누가 옳고 그른지, 누구의 의견이 바람직한지 결정해 주지 않으면 안 된다. 그렇지 않으면 문제의 해결을 스스로의 힘에만 의존하고, 극단적인 대립이 격화될 것이다. 그런 갈등 해소 역할을 하는 것이 법원이다. 그래서 법원이 중요한 것이다. 개인의 이익뿐 아니라 집단의 이익이 서로 충돌하는 때 법원의 중요성이 더욱 강조된다. 그리고 법원이 본래의 분쟁과 갈등 해소라는 기능을 다하기 위해서는 정치적 중립성과 전문성의 보장이 필요하다.

이명박 정부 들어서도 용산철거민 사건, 쇠고기 수입 파동 사건, 4대강 살리기 사업 사건 등이 재판을 통하여 일단락되었다. 또 2010년 지방선거에서 당선된 이광재 전 강원도지사의 경우 선거 이전에 재판에 계류 중이었는데 선거 직후 항소심에서 당선무효에 해당하는 형을 선고받아 직무가 정지되었다. 그러나 헌법재판소가 2010년 9월 이런 경우 직무정지를 규정한 지방자치법 제111조 제1항 제3호가 위헌(헌법불합치)이라고 결정하여 직무에 복귀할 수 있었는데, 2011년 1월 대법원에서 징역 6개월 집행유예 1년을 선고받아 결국 지사직을 퇴직했다. 이러한 일련의 정치적 소동들은 모두 법원의 재판으로 종결될 수 있었다.

한 설문 결과를 보면 국가기관 중에서 그래도 가장 신뢰할 수 있는 기관은 법원이라고 한다. 물론 법원의 재판이 모든 사람에게 만족이나 신뢰를 주지 못하는 경우도 있겠지만, 어쨌든 우리가 가지고 있는 궁극적 갈등 해결 절차는 결국 법원의 재판이다. 따라서 모든 국민과 국가기관은 법원의 판단을 믿고 인정해야 한다. 자신들의 입장에 반대되는 판결이 나왔다고 법원을 욕하지만 말고, 결국 그 법원의 재판을 통하여 전체적으로 자신들의 이익이 지켜진다는 사실을 잊지 말아야 할 것이다. 법원이 바로 서고 국민이 이에 신뢰를 보낼 때 우리나라의 민주주의와 법치국가가 성숙해진다는 사실을 지적하고 싶다.

법원 이야기

펴낸날   **초판 1쇄 2011년 3월 7일**

지은이   **오호택**
펴낸이   **심만수**
펴낸곳   **(주)살림출판사**
출판등록 1989년 11월 1일 제9-210호

경기도 파주시 교하읍 문발리 파주출판도시 522-1
전화   031)955-1350   팩스 031)955-1355
기획 · 편집 031)955-4667
http://www.sallimbooks.com
book@sallimbooks.com

ISBN   978-89-522-1558-1   04080

책임편집 **정홍재**